原因与结果的经济学

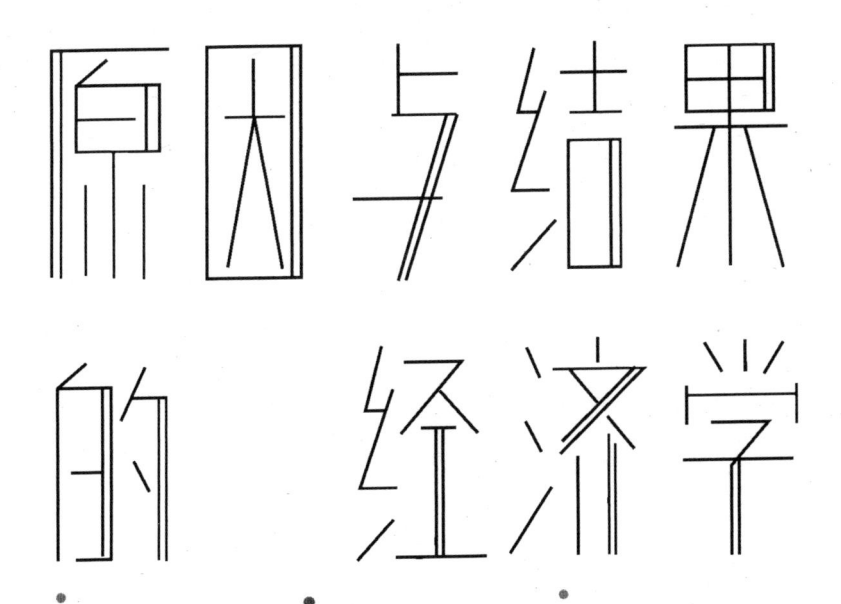

［日］中室牧子　津川友介 著
程雨枫 译

民主与建设出版社
·北京·

前　言

在本书的开篇，我先请各位读者回答以下几个问题。

• 定期接受代谢综合征体检就能长寿吗？
• 看电视会导致孩子学习能力下降吗？
• 上偏差值①高的大学收入就会更高吗？

想必很多人的回答都是肯定的。

不过，经济学的权威研究已经推翻了上述全部说法。

很多人之所以会做出肯定回答，是因为他们混淆了"因果关系"和"相关关系"。建议那些不假思索做出肯定回答的人务必读一读本书。他们读后定会收获全新的重要发现。

我们来看下面这个例子。

人们常说体力好的孩子往往学习能力也更强。图表 1 体现了

---

① 日本普遍使用的用来评定学生考试成绩的方法。偏差值 =（得分－平均分）÷ 标准差 × 10 + 50。

日本各行政区孩子的体力测试与学力测试平均值的关系。从图表中可见,学生体力测试分数高的行政区,学力测试的正确率也更高。

图表 1　体力好的孩子学习能力强?
　　　　——小学生的体力和学习能力的关系

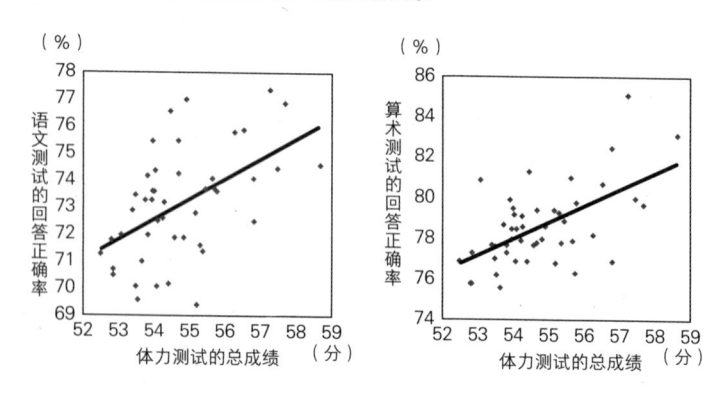

(注)该图表体现了日本各行政区体力测试和学力测试的平均值的关系。由笔者根据《2014 年度全国体力、运动能力及运动习惯等调查》(文部科学省)和《2014 年度全国学力及学习情况调查》(国立教育政策研究所)的数据制作而成。

那么,我们可否得出结论,认为他们"因为体力好,所以学习能力强呢"?换句话说,要想提高孩子的学习能力,是否应该先增强孩子的体力呢?

当然没有这回事儿。在经济学领域,"两个事件中,一方为原因,另一方为结果"的状态被称为存在因果关系。如果体力好这项"原因"会产生学习能力强的"结果",便可以说二者之间存在因果关系。另一方面,"两个事件相互关联,但不存在因果关系"的状态被称为相关关系。在相关关系中,即使"看似是原因的事件"再次出现,也得不到期望中的"结果"。可见分清因果关系和相关关系是十分重要的。

"因为体力好,所以学习能力强",其言下之意是"只要增强体力,(即便整天不学习)学习能力就会有所提高"。这种说法显然有问题,因此体力和学习能力的关系不是因果关系,而是相关关系。当然,即使增强孩子的体力,孩子的学习能力也不一定会提升。

这个事例教给我们一个非常重要的教训:混淆因果关系和相关关系,会导致错误判断。

在关于儿童的体力和学习能力的这个事例中,大多数人应该都能分清因果关系和相关关系。不过我们的生活中充斥着五花八门的信息,其中不乏听起来很有道理的说法。遗憾的是,很多人面对类似信息,都会不假思索地把相关关系视为因果关系。现在,让我们再回过头来思考本书开篇提出的三个问题吧。

- 定期接受代谢综合征体检就能长寿吗?
- 看电视会导致孩子学习能力下降吗?
- 上偏差值高的大学收入就会更高吗?

要让这三个说法成立,"代谢综合征体检"和"长寿"、"看电视"和"孩子的学习能力"、"大学的偏差值"和"收入"之间必须存在因果关系,而非相关关系。那么,每组事件之间的关系究竟是因果关系还是单纯的相关关系呢？下面让我们来依次探讨。

定期接受代谢综合征体检就能长寿吗？

　　学校或公司经常为我们安排体检[1]，其中最常见的是"代谢综合征体检"。想必很多人相信，通过代谢综合征体检掌握自己的健康状况，预防生活习惯病，或者发现潜在疾病，我们就会更长寿。[2]

　　图表 2 的柱状图显示，在代谢综合征体检中接受了生活习惯指导的人在第二年出现了腰围变小、体重下降、血糖或血压降低等变化。

　　乍一看，似乎确实可以说接受代谢综合征体检就会更健康、更长寿。

　　不过，请不要急于得出结论。这份数据真的可以说明"因为定期接受了代谢综合征体检，所以长寿"吗？回答这一问题的关键在于弄清代谢综合征体检和健康是因果关系还是仅为相关关系。这份数据还可以如此解读：并非"因为定期接受了代谢综合征体检，所以长寿（因果关系）"，而只不过是"关注健康、定期接受代谢综合征体检的人更长寿"（相关关系）而已。

---

[1]　"体检"可分为"健康检查"和"疾病筛查"两种。前者旨在预防代谢综合征等生活习惯病，后者旨在及早发现特定疾病，如癌症筛查等。此处的"体检"指的是"健康检查"。
[2]　代谢综合征体检的指标包括腰围、中性脂肪、高密度脂蛋白胆固醇、血压和空腹血糖。也有观点质疑这些诊断指标缺乏科学依据。

图表 2 定期接受代谢综合征体检的人身体健康吗?
——代谢综合征体检与健康的关系

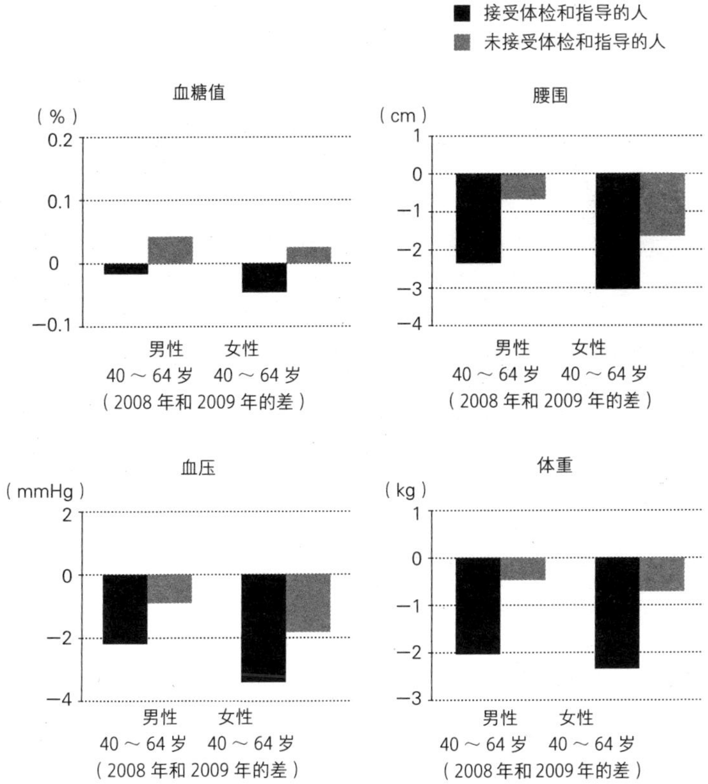
接受体检和指导的人
未接受体检和指导的人
血糖值
(%)
0.2
0.1
0
−0.1
男性 女性
40 ~ 64 岁 40 ~ 64 岁
(2008 年和 2009 年的差)
腰围
(cm)
1
0
−1
−2
−3
−4
男性 女性
40 ~ 64 岁 40 ~ 64 岁
(2008 年和 2009 年的差)
血压
(mmHg)
2
0
−2
−4
男性 女性
40 ~ 64 岁 40 ~ 64 岁
(2008 年和 2009 年的差)
体重
(kg)
1
0
−1
−2
−3
男性 女性
40 ~ 64 岁 40 ~ 64 岁
(2008 年和 2009 年的差)

(注) 代谢综合征体检结果为生活习惯病患病风险高的人提供保健指导。指导包括动机支援 (原则上只进行 1 次) 和积极支援 (持续定期指导)。本图表中将参加积极支援的人称为 "接受体检和指导的人", 未参加积极支援的人称为 "未接受体检和指导的人"。血糖值为糖化血红蛋白 (HbA1c), 血压为收缩压数值。

(数据来源) 摘自第 14 次保险人体检及保健指导研讨会的资料 (厚生劳动省 2015 年 6 月 26 日), 有部分变更。

先来公布答案。经济学的权威研究证实,代谢综合征体检和长寿之间不存在因果关系。因此,"我每年都接受体检,所以身体很健康"是一种很危险的认知。详细讲解请见第 2 章。

看电视会导致孩子学习能力下降吗?

"我家孩子总是看电视",想必不少家长都有这个烦恼。据日本厚生劳动省统计,小学六年级学生平日平均每天会在电视机前度过约 2.2 小时,周末平均每天在电视机前度过约 2.4 小时。

图表 3 也显示,每天看电视时间超过 3 小时的孩子比看电视时间少于 1 小时的孩子的学力测试成绩低。光从这个数据来看,似乎看电视确实会对孩子的学习能力造成不良影响。

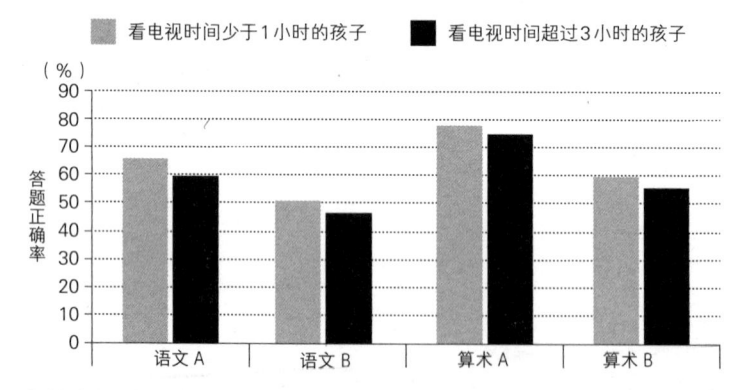

图表 3　经常看电视的孩子学习能力差吗?

科目	看电视时间少于1小时的孩子	看电视时间超过3小时的孩子
语文 A	65	59
语文 B	50	46
算术 A	77	74
算术 B	59	55

(注)学力测试结果采用的是小学六年级学生的"全国学力学习情况调查"中语文和算术的答题正确率。A 为基础题,B 为应用题。
(数据来源)日本文部科学省《2015 年度全国学力调查》。

但是，我们必须认真思考，看电视和孩子学习能力之间的关系属于因果关系还是相关关系。也就是说，要分清是"因为看电视，所以学习能力下降"（因果关系），还是只是"学习能力差的孩子看电视时间更长"（相关关系）而已。

关于这个问题，我们也先公布答案。经济学的权威研究证实，看电视的时间和学习能力之间确实存在因果关系，但研究发现，看电视时间越长，学习能力不但不下降，反而提升。详细讲解请见第 5 章。

上偏差值高的大学收入就会更高吗？

很多人坚信"考上偏差值高的大学，未来就能拿高薪"。从实际数据中也能看出，高偏差值大学的毕业生具有年收入更高的倾向。（见图表 4）

思考这个问题的关键依然是，大学偏差值和年收入之间是因果关系还是相关关系。或许不是"因为上了偏差值高的大学，所以收入高"（因果关系），而只是"有潜力将来获得高薪的人才多集中在偏差值高的大学"（相关关系）。

关于这个问题，我们也先公布答案。经济学的权威研究证实，大学偏差值和未来的年收入之间不存在因果关系。上偏差值高的大学并不代表步入了人生的康庄大道。详细讲解请见第 7 章。

图表 4　高偏差值大学的毕业生收入更高吗？
——各大学毕业生的平均年收入（前 10 位大学）

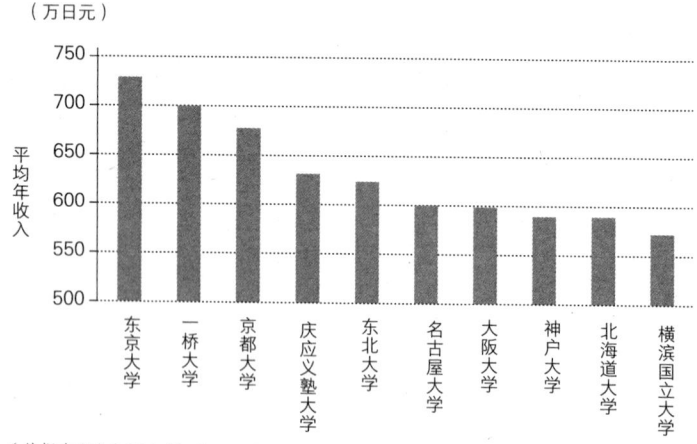

（万日元）

大学	平均年收入
东京大学	约 730
一桥大学	约 700
京都大学	约 675
庆应义塾大学	约 630
东北大学	约 620
名古屋大学	约 595
大阪大学	约 595
神户大学	约 585
北海道大学	约 585
横滨国立大学	约 565

（数据来源）DODA 网：https://doda.jp/careercompass/ranking/daigaku_nenshu.html.

或许有人不明白，不存在因果关系又有什么影响。或许有人会认为：接受代谢综合征体检总好于不体检，控制看电视的时间总比抱着电视不放要强，而上偏差值高的大学总比上偏差值低的大学要好吧。

不过不要忘了，我们采取任何行动都需要花费可观的金钱和时间。偏信那些看似存在因果关系的"无稽之谈"，把它们作为行动依据，不仅得不到预期的成效，还白白浪费了金钱和时间。如果依据因果关系有效地把这些金钱和时间利用起来，我们获得满意的成果的概率也会更高。

理解"因果推理",便可摆脱传统观念的束缚

两个事件之间是否真的存在因果关系?为解答这一问题,近年来经济学研究倾注了巨大的心血。我们把正确区分因果关系和相关关系的方法论称为"因果推理"。

"因果",顾名思义,即"原因与结果"。"推理"则指"根据某个事件推导其他事件,即经过推测和推断得出结论的过程"。换句话说,就是分析并判断两个事件是否分别为原因和结果的过程。

在日常生活中,只要理解了因果关系和相关关系的差异,训练自己思考是否存在因果关系,便可以摆脱偏见或无稽之谈的束缚,做出正确的判断。本书的目的便在于用浅显易懂的方式详尽讲解因果推理最根本的思维方法。读者可以把本书当作因果推理的"入门的入门"。既然是入门的入门,自然不涉及经济学的基础知识,更不会用到任何公式。

此外,本书还将用大量篇幅介绍经济学中运用因果推理与数据得出的研究成果,说明如何解读这些研究。当今社会,"大数据"已成为脍炙人口的词汇,任何人都能轻而易举地分析数据,但是这并不代表所有人都能正确解读数据分析的结果。若想在大数据时代获得一席之地,不仅要学会分析数据,更要掌握解读数据分

析结果的能力。

在此请允许我们做个自我介绍。本书作者之一的中室牧子是教育经济学家，多年来一直致力于运用数据和经济学方法研究何种教育方法能提高儿童的学力及能力。她所提倡的不是基于个人经验的教育论，而是呼吁根据具有因果关系的科学依据来制定育儿及教育政策。

另一名作者津川友介是医生兼医疗政策专家，致力于运用大数据研究如何在改善医疗质量的同时抑制医疗费用的增加。津川师从美国著名医疗经济学家、任教于哈佛大学的约瑟夫·纽豪斯（Joseph Newhouse）以及最早创建因果推理体系的唐纳德·鲁宾（Donald B. Rubin），从他们那里学会了因果推理的思维方法。

在美国，"因果推理"是大学的课程内容之一。商务和政治场合自不必说，日常会话中很多人也会有意识地在言谈中注意因果推理的应用。而在日本却几乎没有系统学习因果推理的机会。或许因为这个原因，电视和报纸上常有报道将一些相关关系描述成因果关系，甚至企业管理者和政策制定负责人也常把因果关系和相关关系混为一谈。

教育领域和医疗领域里充斥着无数因果关系混淆的无稽之谈。本书以生活中必不可少的教育和医疗为例，尽可能让各位读者在阅读本书后掌握因果推理的基本思维方法。

19世纪杰出的美国思想家、作家拉尔夫·爱默生说过这样一句话:"浅薄的人相信运气,强大的人相信因果。"在这个数据泛滥的时代,"因果推理"是我们每个人必备的素养。

目 录

前 言 1

第1章 如何不受无稽之谈的蒙蔽
因果推理最根本的思考法 1
何谓"因果关系"和"相关关系"？ 3
判断因果关系的三个要点 4
证明因果关系需要"反事实" 11
没有时光机就制造不出反事实吗？ 12
用"最贴切的值"替换反事实 14
只有"可比较"的组才能替换 17
想象不出正确的反事实就会被无稽之谈蒙蔽吗？ 18
COLUMN 1　巧克力消耗量越大，诺贝尔奖获奖人数越多？ 22

第2章　定期接受代谢综合征体检就能长寿吗？
因果推理的理想形态——随机对照试验　25

"实验"能证明因果关系　27

随机分组的必要性　29

"代谢综合征体检"与"长寿"是因果关系吗？　30

何谓"在统计学上具有显著性"？　31

定期接受体检并不能带来长寿　33

投入1 200亿日元税金的代谢综合征体检　33

"医疗费用自付比例"和"健康"是因果关系吗？　35

兰德健康保险实验的结果　37

除贫困阶层以外，提高自付比例对健康状况没有影响　38

COLUMN 2　整合多项研究的"元分析"　40

第3章　男医生比女医生更优秀吗？
利用与实验类似的偶发现象进行自然实验　43

用现有数据重现与实验类似的环境　45

"医生性别"与"患者死亡率"是因果关系吗？　47

女医生负责的患者死亡率更低　48

"出生体重"与"健康"是因果关系吗？　49

出生体重较重的婴儿更健康　50

COLUMN 3　被动吸烟会增加心脏病的患病风险吗？　52

第 4 章　最低工资与就业之间存在因果关系吗？
排除趋势影响的双重差分法　55

模仿实验的"准实验"　57

前后比较毫无意义　57

不能使用实验前后测分析的两个原因　59

去年的销售额为"反事实"时，前后比较才有效　60

实验前后测设计的改良版——双重差分法　62

双重差分法成立的两个前提条件　64

"保育所数量"与"母亲就业"是因果关系吗？　67

增设认可保育所不会提升母亲的就业率　68

"最低工资"与"就业"是因果关系吗？　69

提高最低工资不会减少就业　71

COLUMN 4　"不快点睡觉，妖怪就要来了"是正确的教育方法吗？　72

第 5 章　看电视会导致孩子学习能力下降吗？
利用第三变量的工具变量法　75

广告费打折，该怎样利用　77

工具变量法成立的两个前提条件　79

"看电视"与"学习能力"是因果关系吗？　80

看电视可以提高偏差值　81

"母亲的学历"与"孩子的健康"是因果关系吗？　82

母亲上过大学，孩子更健康　83
COLUMN 5　增加女性管理层成员能促进企业成长吗？　85

第 6 章　和学霸做朋友，学习能力会提高吗？

关注跳跃的断点回归设计　89

利用"49 人店铺"与"50 人店铺"的差异　91

断点回归设计成立的前提条件　92

"朋友的学力"与"自己的学力"是因果关系吗？　93

和学霸在一起，也无法提高自己的学习能力　94

"医疗费用自付比例"与"死亡率"是因果关系吗？　95

提高老年人医疗费用的自付比例对死亡率没有影响　96

COLUMN 6　"激素替代疗法"的陷阱　99

第 7 章　上好大学收入就会更高吗？

组合相似个体的匹配法　101

找出相似的店铺　103

整合多个协变量的"倾向得分匹配法"　104

倾向得分匹配法成立的前提条件　107

"大学偏差值"与"收入"是因果关系吗？　108

上偏差值高的大学，收入也不会增长　109

COLUMN 7　商务版随机对照试验"A/B 测试"　112

第 8 章　便于分析现有数据的回归分析　115
　　假如现有数据都不适合用来评估因果关系……　117
　　画一条表示数据的"回归线"　118
　　用"多元回归分析"排除混杂因素的影响　119
COLUMN 8　因果推理的发展史　122

补论 1　了解分析的有效性和局限性　127
　　内部效度与外部效度　127
　　随机对照试验也有局限性　128

补论 2　因果推理的五个步骤　131

后　记　135

参考文献　141

第 1 章

如何不受无稽之谈的蒙蔽

因果推理最根本的思考法

何谓"因果关系"和"相关关系"?

让我们再来看看因果关系和相关关系的概念。

如果两个事件中,前一个事件是后一个事件的原因,后一个事件是前一个事件的结果,则两个事件之间存在"因果关系";如果一个事件变化后,另一个事件也随之发生变化,但二者不属于原因和结果的关系,则称它们之间存在"相关关系"[①]。(见图表 1-1)存在相关关系的两个事件之间虽然有关联,但不属于因果关系。

图表 1-1　因果关系与相关关系

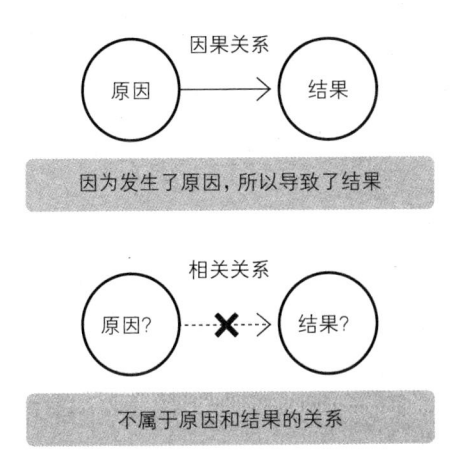

因果关系

原因 → 结果

因为发生了原因,所以导致了结果

相关关系

原因? ⋯✗⋯> 结果?

不属于原因和结果的关系

---

① 广义的相关关系既包括"非因果关系",也包括"因果关系"。本书为避免混乱,采用更加严谨(狭义)的定义。

这里所说的"事件"等可以取各种值的数据称为"变量"。变量可以是年龄、身高等数值，也可以如性别等取男性或者女性等文字作为值。本书在论述时将变量分为"原因"和"结果"[①]两大类。

两个变量的关系是否真的是因果关系？解答这个问题所需的思维方法便是"因果推理"。

判断因果关系的三个要点

判断两个变量属于因果关系还是相关关系时，可以通过以下三个问题进行质疑。

①是否"纯属巧合"？
②是否存在"第三变量"？
③是否存在"逆向因果关系"？

①是否"纯属巧合"？

如果有人提出"温室效应的加剧导致海盗数量下降"，大家

---

① 在其他学术领域，"原因"又被称为"自变量""解释变量""处理"或"暴露变量"；"结果"又被称为"因变量""被解释变量"或"结果变量"等。

肯定觉得荒唐，但如图表 1-2 所示，温室效应逐渐加剧的同时，海盗数量确实在不断减少。

图表 1-2　温室效应加剧会导致海盗数量下降吗？
　　　　——纯属巧合

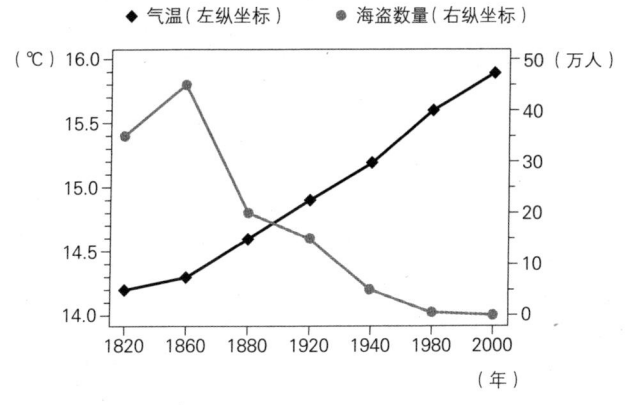

（数据来源）本图表由笔者根据福布斯网站（http://www.forbes.com/sites/rikaandersen/2012/03/23/true-fact-the-lack-of-pirates-is-causing-global-warming/#1606f14ca231）的数据制作而成。

可是，按常理来说，很难想象温室效应的加剧会导致海盗数量下降。两个事件看似有关，其实只是"纯属巧合"。像这样，两个变量的变化趋势只是碰巧相似的现象被称为"伪相关"。

美国信息分析员泰勒·维根（Tyler Vigen）在其著作《伪相关》（*Spurious Correlations*）中介绍了很多"纯属巧合"的事例。例如，"尼古拉斯·凯奇一年参演电影的部数"与"泳池溺亡人数"（见图表 1-3）、"美国小姐的年龄"与"因取暖设备丧命的人数"（见图表 1-4）、"商业街的总收入"与"在美国获得计算机科学博士学位的人数"（见图表 1-5）等之间都存在高度的相关关系。

图表 1-3　尼古拉斯·凯奇一年参演电影的部数与泳池溺亡人数

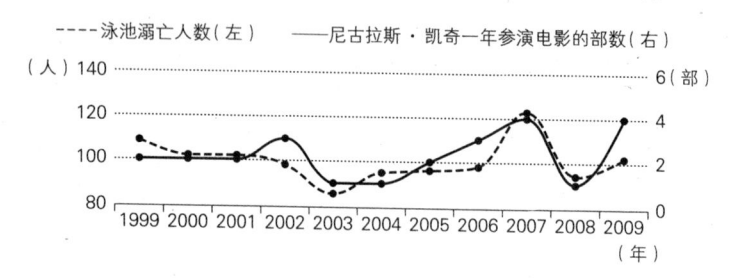

图表 1-4　美国小姐的年龄与因取暖设备丧命的人数

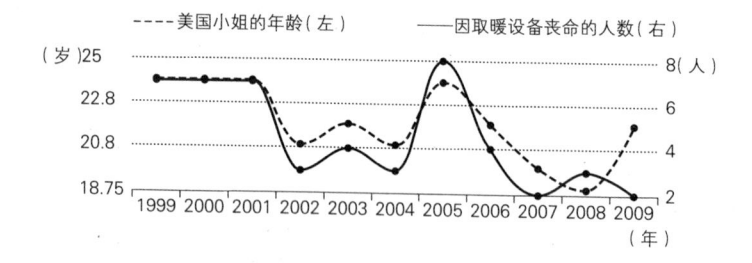

图表 1-5　商业街的总收入与在美国获得计算机科学博士学位的人数

（数据来源）泰勒·维根网站：http://tylervigen.com/spurious-correlations.

这些例子看似非常荒唐，但不可思议的是，把两个变量做成图表比对一下就会显示出明显的相关关系。正好比"蝴蝶在亚洲扇动翅膀，南美就会刮起飓风"，不过需要留意的是，我们身边其实存在很多这种"纯属巧合"的相关关系。

或许你会怀疑，真的会有人把伪相关当作因果关系吗？实际上，不少预测大盘的人都会相信纯属巧合的伪相关，把它们当作没有依据却非常灵验的经验之谈。

例如可能有人听说过"吉卜力的诅咒"。即只要日本的电视台播出宫崎骏导演领导的吉卜力工作室的电影，美国股市就会下跌。就连美国的《华尔街时报》也曾报道过这条法则并一度引起热议。这条法则正是"纯属巧合"造就的典型的伪相关[1]。

探讨"是否存在因果关系"时，一定要先质疑两个变量之间的关系是否纯属巧合。

②是否存在"第三变量"？

其次，我们必须要质疑是否存在同时影响原因和结果的"第三变量"。用术语说就是"混杂因素"[2]，它可以把纯粹的相关关

---

[1] 一旦被人们广为接受，就会出现刻意利用这一法则的投资行为，使其不再是纯粹的巧合。经济学将这种情况称为存在"噪音交易者"。
[2] 经济学中的术语"遗漏变量"和"混杂因素"概念相似。术语的详细释义请参考专业书籍。

系包装成因果关系，干扰人们判断。

我们来看一则混杂因素的具体事例。前言中曾经提到这个说法：体力好的孩子学习能力强。可能一些家长看到这种说法，就打算让孩子去锻炼身体。

然而，断定体力与学习能力之间存在因果关系还为时过早。说不定另有一个变量同时影响着孩子的体力和学习能力。（见图表1-6）比如"父母对教育的热衷程度"等。热衷教育的父母可能会让孩子学习运动项目或者注重饮食健康（对体力产生影响），同时还会督促孩子学习，因此孩子的学习能力也比较强（对学力产生影响）。这则事例中，提高孩子学习能力的不是体力，而是"父母对教育的热衷程度"。如果事实果真如此，那么一味增强孩子的体力，恐怕不会提高他们的学习能力。

图表1-6 "混杂因素"把相关关系包装成因果关系

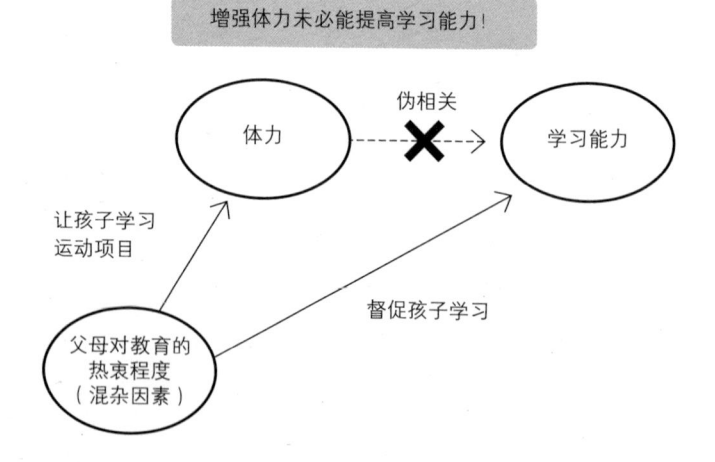

探讨"是否存在因果关系"时，切记还要质疑是否存在同时影响原因和结果的"混杂因素"。

③是否存在"逆向因果关系"？

接下来需要质疑是否存在"逆向因果关系"。例如，我们来思考警察与犯罪的关系。警察多的地区，犯罪案件数量也多。但是，将警察多视为犯罪案件数量多的原因难免有些牵强（警察→犯罪）。

不如说因为某处是犯罪多发的危险地区，所以部署了大量警力，这么想可能才更合理（犯罪→警察）。本以为是原因的事件其实是结果，本以为是结果的事件其实却是原因，这种状态被称为"逆向因果关系"。探讨"是否存在因果关系"时，还要质疑原因与结果的方向是否相反。

让我们对照图表 1-7 对上述说明加以总结。

如果两个变量之间存在因果关系，当原因再次出现时，相同的结果也会出现，而不存在"纯属巧合""混杂因素"或"逆向因果关系"。另一方面，如果两个变量的关系只是相关关系，那么就会存在"纯属巧合""混杂因素"或"逆向因果关系"中的某一种情况。在相关关系的情况下，即使原因再次发生，也几乎不会得到相同的结果。

图表1-7　因果关系与相关关系的总结

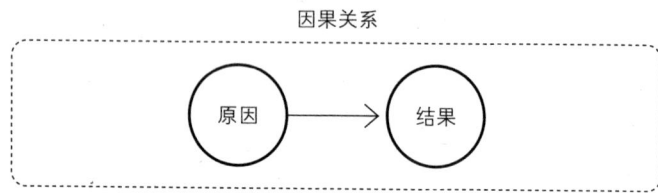

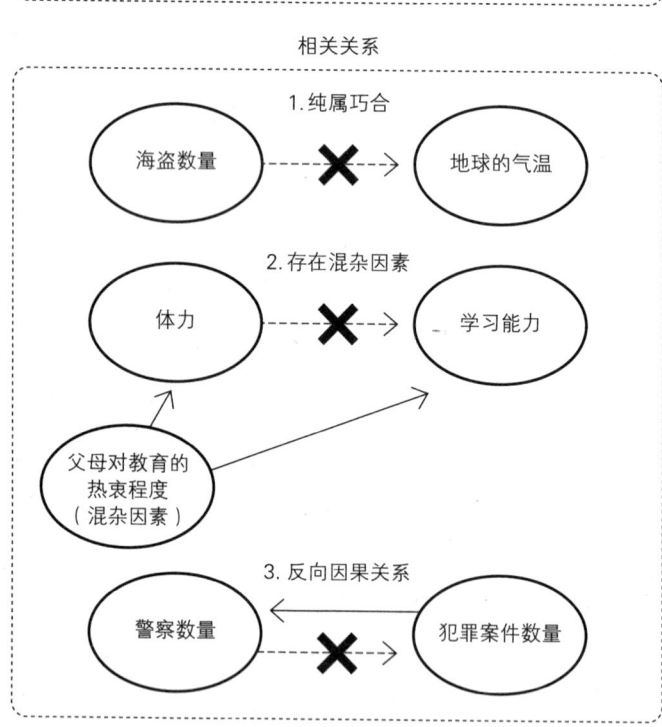

因果关系

原因 → 结果

相关关系

1. 纯属巧合

海盗数量 --✗→ 地球的气温

2. 存在混杂因素

体力 --✗→ 学习能力

父母对教育的热衷程度（混杂因素）

3. 反向因果关系

警察数量 ←✗-- 犯罪案件数量

证明因果关系需要"反事实"

那么,应该如何证明不存在上述三种情况呢?方法就是对现实和"反事实"①进行对比。反事实是指对过去未曾发生的事实所做的假设,例如"如果当时没有……,那么……"。我们将现实中实际发生的事称为"事实",所以将设想的与现实完全相反的情况称为"反事实"。

在日常生活中,我们应该都有过这样的想法。

"如果当时没有跳槽到这家公司,我现在的收入会有多少呢?"

"如果当时下定决心和他结婚,现在我会过着什么样的生活呢?"

法国哲学家布莱士·帕斯卡曾经说过这样一句话:

"如果克莉奥帕特拉的鼻子再塌一点,世界史就会改写了。"

这正是典型的反事实思维。

要证明因果关系的存在,必须对"事实"中原因发生后的结果与"反事实"中原因未曾发生时的结果进行对比。

---

① 即"反事实推理",又称"反事实思维"。

没有时光机就制造不出反事实吗？

"反事实"是因果推理中最为重要的概念，下面让我们举例详细介绍。

假设你在一家经营全国连锁珠宝店的企业担任公关部部长，正在考虑通过投放广告来提高销售额。所幸聘请当红小生制作的报纸广告十分具有吸引力，投放时期也定在12月上旬，刚好配合圣诞季。

结果如你所料，广告刊登后，客流量激增，销售额和去年同期相比增长了30%。店铺收到大量预订，全体员工都满负荷工作。看到这个场景，你肯定会感到十分欣喜，并会对社长这样说：

"今年的销售额比去年同期增长了30%。这都是（我策划的）报纸广告的成效！"

不过，不要着急，我们先来冷静地思考一下。广告和销售额之间真的存在因果关系吗？也许不是"因为投放了广告，所以引起销售额增长"（因果关系），说不定"即使不投放广告，销售额也会增长"（相关关系）呢。

那么，应该如何判断广告和销售额之间是否存在因果关系呢？

我们来做一个有些不切实际的想象。各位读者朋友，你们知道《回到未来》（Back to the Future）这部电影吗？在这部20世纪80年代大受好评的科幻电影中，科学家发明出了时光机。用这种时光机就能证明"因为投放了广告，所以销售额增长"的因果关系。

请看图表 1-8。公司投放了广告。这种情况下，圣诞季商战的销售额为 1 500 万日元（事实中的销售额）。见证这一结果之后，你乘上时光机穿越到投放广告之前，让正打算投放广告的那个过去的自己打消了这个念头。这种情况下，圣诞季商战的销售额只有 1 000 万日元（反事实中的销售额）。

图表 1-8　调查广告和销售额之间的因果关系

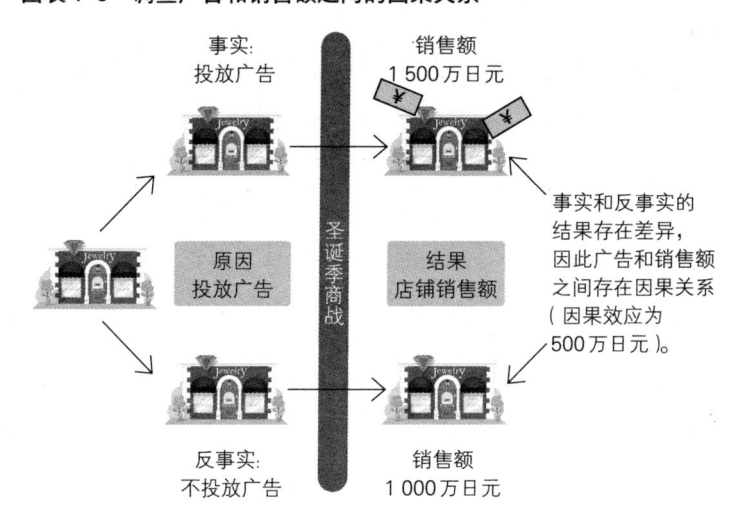

事实：投放广告 → 销售额 1 500 万日元

原因 投放广告 → 结果 店铺销售额

反事实：不投放广告 → 销售额 1 000 万日元

（圣诞季商战）

事实和反事实的结果存在差异，因此广告和销售额之间存在因果关系（因果效应为 500 万日元）。

这样的话，就能肯定确实是因为投放了广告，所以销售额增长了，即广告与销售额之间存在因果关系。

也就是说，使用时光机，就能得知反事实"如果没有投放广告"状态下的销售额，明确广告与销售额之间是否存在因果关系。不仅如此，我们甚至还能掌握广告到底带来了多大的效果。用投放广告后的销售额 1 500 万日元减去未投放广告时的销售额 1 000 万日元，余下的 500 万日元便是广告带来的销售额。我们将其称为广告的"因果效应"[①]。

这里有一个问题：现实中我们可以观测事实，但无法观测到反事实。因为《回到未来》中的时光机如今依然是假想中的产物，我们不可能回到过去观测没有投放广告时的销售额是多少。

最早创建因果推理体系的哈佛大学统计学家唐纳德·鲁宾把这个问题称为"因果推理中的根本问题"。然而，要证明因果关系，反事实是必经之路。

用"最贴切的值"替换反事实

其实，克服"因果推理中的根本问题"，制造反事实，才正是以因果推理为基础的各种方法的根本所在。为此，经济学家会想方设法，用最贴切的值来替换无法观测到的"反事实的结果"。

让我们再回到珠宝店的事例。假设你所在的珠宝连锁店在全国四个地区设有店铺。为配合圣诞季商战，正打算投放广告。考虑到预算有限，最后决定在 4 个地区当中，为地区 1 和地区 2 的店铺投放广告。

[①] "因果效应"有时又被称为"处理效应"。

假设你想了解广告能为销售额带来多大的因果效应。广告的因果效应等于投放广告后的事实销售额和相同情况下没有投放广告的反事实销售额的差。如果你能观测到反事实（虽然现实中不可能实现），因果效应将如图表1-9所示。

图表1-9　观测到反事实就能明确因果效应
　　　　——虚构的珠宝店销售额

	地区	投放广告后的销售额（A）(万日元)	未投放广告时的销售额（B）(万日元)	因果效应（A-B）(万日元)
有广告	1	1 300	900	400
	2	1 700	1 100	600
无广告	3	1 600	1 200	400
	4	1 400	800	600
	平均值	1 500	1 000	**500**

图表1-9中的月销售额单位设为1万日元。图表中显示，地区1投放广告后的销售额为1 300万日元，而该地区未投放广告时的销售额为900万日元。

像这样，如果能掌握各地区投放广告和不投放广告时的销售额，就能计算出各地区广告的因果效应。对各地区的因果效应取平均值，就能得出广告为整个企业带来的因果效应。由图表1-9可见，广告对整个企业的因果效应为500万日元。

遗憾的是，现实中我们无法观测反事实中的销售额。实际能观测到的是图表1-10。这张表中的反事实销售额全部变成了"？"，除非拥有时光机，否则无法填写确切的数值。怎样把这个"？"替换为最贴切的数值呢？

图表 1-10　现实中无法观测反事实
　　　　　——实际的珠宝店销售额

	地区	投放广告后的销售额（A）（万日元）	未投放广告时的销售额（B）（万日元）	因果效应（A–B）（万日元）
有广告	1	1 300	?	?
	2	1 700	?	?
无广告	3	?	1 200	?
	4	?	800	?
	平均值	1 500	1 000	?

我们可以换个角度思考，将投放广告的两个地区（地区1、地区2）和未投放广告的另外两个地区（地区3、地区4）分别归为一组。如此一来，有广告组未投放广告时的反事实销售额会不会和无广告组的销售额差不多？如果确实如此的话，只要用无广告组的销售额替换有广告组的反事实销售额就可以了。（见图表1-11）

这样一来，广告对整个企业的因果效应就可以用有广告组的平均销售额（1 500万日元）减去无广告组的平均销售额（1 000万日元）求得，即500万日元（1 500万日元 –1 000万日元）。

图表 1-11 用"最贴切的值"替换反事实

有广告组的事实 (平均销售额)	有广告组的反事实 (平均销售额)
1 500 万日元	?

↓

有广告组的事实 (平均销售额)	有广告组的反事实 (平均销售额)	无广告组的事实 (平均销售额)
1 500 万日元	1 000 万日元	1 000 万日元

替换

只有"可比较"的组才能替换

其实,只要满足一个条件,上述思路便可以成立。这个条件就是:有广告组和无广告组必须是"可比较"的。

假设有广告组位于大城市,当地居民收入很高。而无广告组位于地方城市,那里的居民一般不会购买宝石。这种情况下,就不能"用无广告组的销售额替换有广告组的反事实销售额"。

怎样才称得上"可比较"呢?如果两个组在人口、居民人均所得、流行敏感度等所有可能影响宝石饰品销售额的特征方面都非常接近,唯一的区别是"有无投放广告",那么这两个组就是"可比较"的。

然而,现实中没有哪两个组在所有可能影响珠宝店销售额的特征上都非常接近。那么,也许有人会问:两个"大致相同"的组之间不能比较吗?

很遗憾，"大致相同"不能和"可比较"画等号。让我们思考下面这则事例。两个组所在地区特征相似，除了有无投放广告之外，还有唯一一个小小的差异：投放广告组所在地区和未投放广告组所在地区播放的电视节目不同。当时投放广告的地区正在播放电视剧，参演的当红女演员佩戴了珠宝店的主打商品，而未投放广告的地区没有播放该电视剧。

即便只是很小的不同，我们也不应忽略由此带来的差异。这种情况下，即使有广告组的销售额高于无广告组，我们也无法判断带动销售额的是广告还是电视剧。假设电视剧的效应远远大于广告，会导致什么后果？第二年圣诞季即使再次投放广告，销售额恐怕也无法达到预期的水平。

因此，用于比较的两个组除了有无投放广告之外，在所有可能影响珠宝店销售额的特征上都必须极为相似。

然而，现实中我们很难找到这样的事例。正因为如此，经济学者们要运用各种方法，尝试将两个不相似的组转化为"可比较"的组。这些方法将在第 2 章之后详述。

想象不出正确的反事实就会被无稽之谈蒙蔽吗？

我想在这里反复强调的是，要明确是否存在因果关系，必须对比事实的结果和反事实的结果。不过遗憾的是，很多人尚未意识到这一点。一般来说，在未能得到正确的反事实时，人们常会把没有因果关系的事项错误地理解为存在因果关系。

例如，假设一位把孩子送入名牌大学的母亲在书中写道："我从来不让孩子看电视。"那么读了这本书的很多人便会认为孩子学习能力高是因为家长没有让孩子看电视。同理，如果一位长寿的老人在百岁生日当天接受电视台采访时说"我每年坚持体检"，观众便会以为"老人长寿是因为做了体检"。然而，要想证明看电视与学习能力、体检与长寿之间存在因果关系，必须用"同一个孩子在看电视的情况下的学习能力""同一位老人在没有每年接受体检的情况下的寿命"等反事实的结果进行对比。

成功人士的故事里只包括事实，而不包括反事实。如果忽略了这一点，仅凭事实就片面地认为存在因果关系，一味禁止孩子看电视或者频繁接受体检，很可能不但无法成功，反而白白浪费了时间和金钱。

从第 2 章起，本书将具体介绍如何制造可比较的组，以及如何用最贴切的值替换反事实。在此我要重申的是，明确因果关系的方法有很多种，但是这些方法本质上的共同目标都是"制造可比较的组，用最贴切的值替换反事实"。在阅读本书时，请不要忘记下面介绍的所有方法都是为了实现这个目标。

接下来在介绍本书章节构成的同时，对"科学依据（证据，

evidence）的等级"也稍做介绍。或许有人听说过"科学依据（证据）"一词。坊间有时将数据分析得出的根据称作科学依据，不过在经济学界使用这个词时要更加严谨：它指的是反映因果关系的证据。因此，经济学家不会把只证明了相关关系的分析称为证据，更不要说简单的图表或问卷调查结果了。

证据的概念在医学界应用得最为普及。医学领域一般认为，证据有"等级"之分。有些证据等级高，可信度高；有些证据等级低，可信度低。证据根据可信度分为多个层次，可信度高的证据是由能正确判断因果关系的方法推导出来的。与之相对，可信度低的证据是通过可能混淆因果关系和相关关系的方法推导出来的。图表 1-12 叫作"证据金字塔（evidence pyramid）"，越接近金字塔的顶点，证据的可信度越高。

本书将按照证据金字塔的顺序逐一讲解。第 2 章介绍"随机对照试验"，第 3 章介绍"自然实验"，第 4～7 章介绍"准实验"的各种方法，第 8 章介绍"回归分析"。

下面就让我们运用这些方法，走近经济学发现的那些惊人的研究成果吧。

图表 1-12　证据的等级

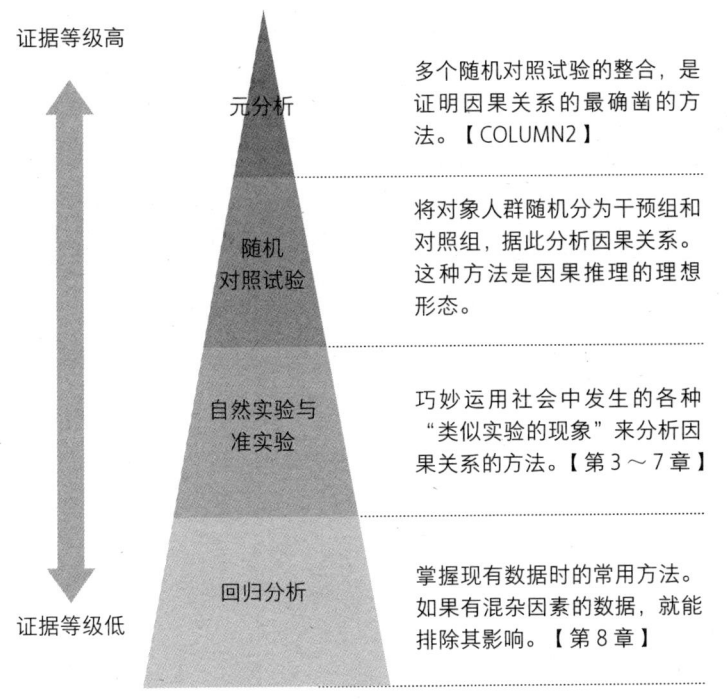

证据等级高 ↕ 证据等级低

元分析	多个随机对照试验的整合，是证明因果关系的最确凿的方法。【COLUMN2】
随机对照试验	将对象人群随机分为干预组和对照组，据此分析因果关系。这种方法是因果推理的理想形态。
自然实验与准实验	巧妙运用社会中发生的各种"类似实验的现象"来分析因果关系的方法。【第 3～7 章】
回归分析	掌握现有数据时的常用方法。如果有混杂因素的数据，就能排除其影响。【第 8 章】

* 也有一些元分析（meta-analysis）整合的是多个观测研究，其证据等级不如整合随机对照试验的元分析高。元分析的证据等级高低取决于其使用的研究的证据等级。

本图表由笔者根据萨基特（Sackett）等人的研究（2000）制作而成。

COLUMN 1　巧克力消耗量越大，诺贝尔奖获奖人数越多？

巧克力中的黄酮醇能够提高认知功能，这一结论早在动物实验等研究中得到证实。哥伦比亚大学的医师在 2012 年针对该结论进行数据分析，发现巧克力人均年消耗量越大的国家，诺贝尔奖获奖人数越多。该研究成果被刊登在临床医学界最具权威性的期刊之一《新英格兰医学杂志》上，引发了广泛议论。

论文作者得出的结论是：如果平均每人每年多摄入 400 克巧克力，该国的诺贝尔奖获得者就会增加一人。这种说法看似荒诞，但毕竟是刊登在权威期刊上的论文，其结论是否可信呢？

让我们回想起前言中的思路。"巧克力人均年消耗量"与"诺贝尔奖获奖人数"的关系是因果关系还是相关关系？或许不是"因为巧克力消耗量大，所以获得诺贝尔奖的人多"（因果关系），而只是"诺贝尔奖获奖人数多的国家巧克力消耗量更大"（相关关系）。

如论文中也有收录的图表 1-13 所示，欧洲人均 GDP 较高的国家都集中在右上部分。巧克力不是生存必需品，而是所谓的奢侈品，所以富裕国家的摄入量自然更大。而同时，富裕国家有能力在教育上投入更多资金，产生诺贝尔奖获奖者的可能性也会增加。也就是说，巧克力消耗量和诺贝尔奖获奖人数的关系很可能不是因果关系，而是相关关系。

图表 1-13　巧克力消耗量与诺贝尔奖获奖人数的关系

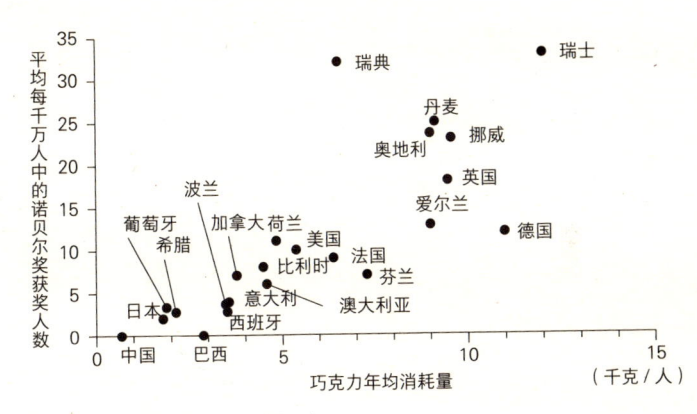

（数据来源）梅瑟利（Messerli）（2012）

要维护《新英格兰医学杂志》的立场的话，我们可以注意到这篇文章不是研究论文，而是刊登在论述个人观点的"不定期笔记"专栏上。这个专栏旨在"介绍一些个人经验及医学研究领域通常不涉及的事项"。

其实，最近还有实验对摄入黄酮醇之后的大脑进行了MRI（核磁共振）影像诊断和记忆测试。其结果显示，与几乎从不摄入黄酮醇的老年人相比，摄入黄酮醇较多的老年人在大脑功能和记忆力方面更好。虽然多吃巧克力就更有可能获得诺贝尔奖的说法言过其实，但摄入巧克力至少具有增强记忆力的功效。

第 2 章

定期接受代谢综合征体检就能长寿吗？

因果推理的理想形态——随机对照试验

"实验"能证明因果关系

两个变量的关系属于因果关系还是相关关系？判断这个问题的最可靠方法是"实验"，专业术语称为"随机对照试验"。

各位读者朋友可能都听说过"临床试验"。这是为了明确药物疗效与安全性所进行的试验。

例如，在小鼠实验中，将生病的小鼠"随机"分成两组，对比给予药物的小鼠（称为干预组）和不给予药物的小鼠（称为对照组）。如果摄入药物的小鼠痊愈率更高，则可认为药物有效。（见图表2-1）

"随机"或许给人一种"随随便便"的感觉，其实不然。把实验小鼠划分为干预组或对照组时，所有小鼠都有相同概率被划入干预组的分组方法被称为"随机分组"。随机还带有"依赖偶然性"的含义。

实际操作中如何进行随机分组？例如可以投硬币，正面朝上的划入给药组，背面朝上的划入不给药组（反之亦可）；或者使用由随机生成的数字组成的随机数表，根据抽取的是奇数或偶数来决定是否给药；也可以用抽签的方式决定分组。

小鼠之间的个体差异不明显，只要准备足够多的个体进行随机划分，就不会受到小鼠个体差异所导致的偶然因素的影响。因此，给予药物的小鼠组和不给予药物的小鼠组可以视为可比较的两个组。

换句话说，随机对照试验的本质就是用对照组替换"如果干预组没有投放药物"的反事实。

图表 2-1　随机分组制造反事实

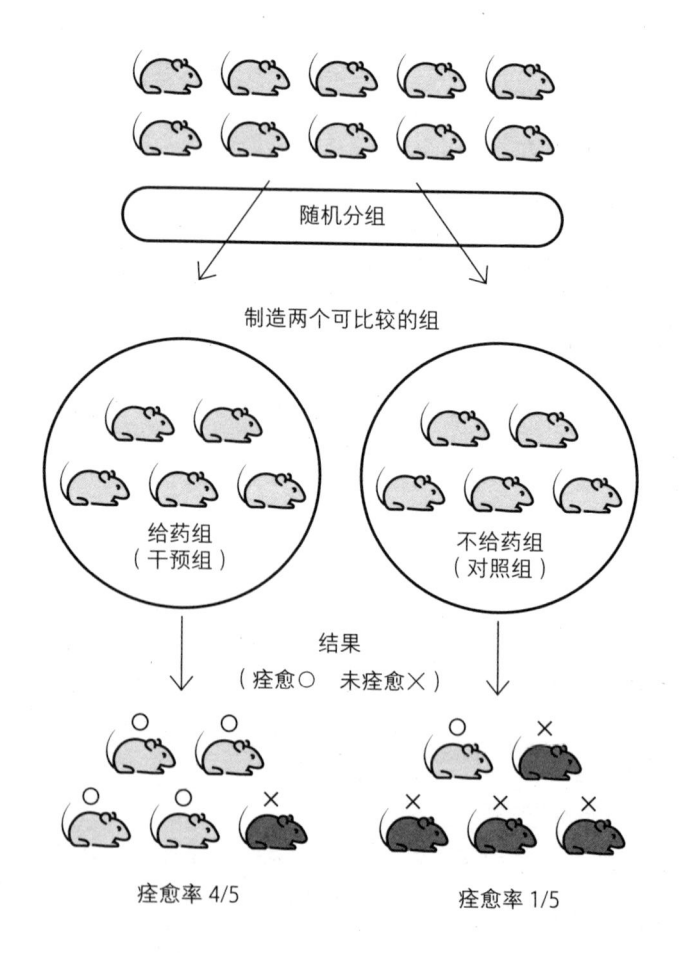

随机分组的必要性

通过随机对照试验，便可以解答前言中提到的问题：定期接受代谢综合征体检就能长寿吗。

这种方法将研究对象人群随机分为两组：接受体检"干预"的组（干预组）和不接受体检的组（对照组）。这里的"干预"意为将原因与结果中相当于"原因"的事项（此处指体检）施加给研究对象人群。

为什么一定要进行随机分组？不能直接比较曾经接受过体检和未接受过体检的人吗？

其实曾经接受过体检和未接受过体检的人属于不可比较的群体。试想过去一直接受体检的人健康意识肯定很高，而未接受过体检的人恐怕都不太注重身体健康。所以不管怎样，这两类人群都不适合拿来做比较。

人与临床试验小鼠的不同之处在于，人会按照自身的意志选择自己的行为。个人"选择（selection）"会导致两个研究对象组不具备可比较的属性。这种现象在经济学中被称为"选择性偏差（selection bias）"。

英语中有这样一句俗语：简直是在拿苹果和橘子比。这句话讽刺了拿两种原本就截然不同、没有比较意义的事物做比较的行为。对曾经接受过体检的人和未接受过体检的人进行比较，就类似于"拿苹果和橘子比"。

那么，如何才能像拿苹果和苹果比（或者拿橘子和橘子比）一样，对曾经接受过体检的人和未接受过体检的人进行比较呢？

最可靠的方法就是用抽签等方式随机决定是否接受体检。（见图表2-2）通过随机分组，可以使个人无法按照自身的意志做出选择，因此也就不会出现选择性偏差。由此得出的接受体检组和不接受体检组便是可比较的。

图表2-2　随机分组可以制造出两个可比较的组

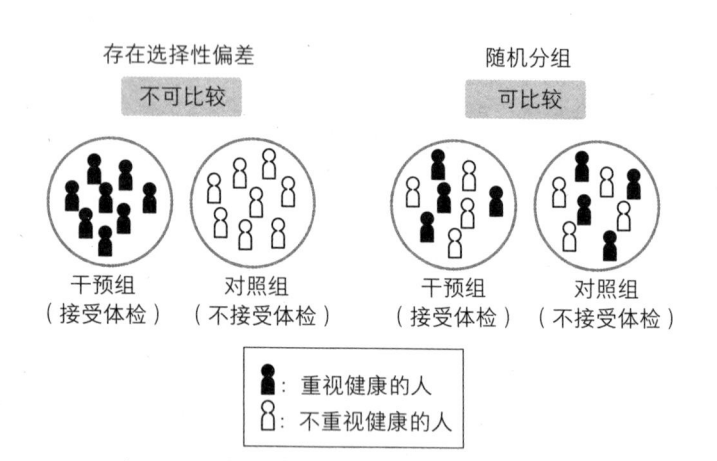

存在选择性偏差
不可比较

随机分组
可比较

干预组
（接受体检）

对照组
（不接受体检）

干预组
（接受体检）

对照组
（不接受体检）

■：重视健康的人
□：不重视健康的人

"代谢综合征体检"与"长寿"是因果关系吗？

实际上，丹麦曾经进行过调查体检效果的随机对照试验。下面介绍该研究的结果。丹麦也实行与日本类似的代谢综合征体检，为国民提供糖尿病、高血压等生活习惯病的诊断及保健指导服务。随机对照试验将30～60岁的成年男女随机划分为接受体检的干预组（约 1.2 万人）和不接受体检的对照组（约 4.8 万人），用了十年时间对两组人群做了追踪调查。①

在干预组中，体检结果为未来患病风险高的人均被要求在 5 年内接受大约 4 次保健指导。结果显示，接受保健指导的大部分人在饮食习惯、运动、吸烟和饮酒习惯等方面有所改善。

然而，十年后的结果令人震惊：无论生活习惯改善与否，干预组和对照组的死亡率的差异在统计学上不具有显著性。

何谓"在统计学上具有显著性"？

"干预组和对照组的差异在统计学上不具有显著性"，是指该差异可视为巧合所导致的误差。换句话说，"观测到的差异为偶然产物的概率"低于 5%，则该差异可被视为"在统计学上具有显著性"，表示两组的差异属于无法用误差或巧合解释的"具有显著性的差异"；而该概率高于 5% 时，则该差异"在统计学上不具有显著性"，两组的差异可用误差或巧合来解释。（见图表 2-3）5% 这个数值本身并没有特殊含义，只不过长久以来经济学和统计学领域普遍采用这一水平。

---

① 在这项研究中，对照组的人数是干预组的 4 倍，不过这里的重点是分组决定方式的随机性，两组人数不需要完全相同。

图表 2-3 "具有统计学意义"的小结

- 无法用误差或巧合解释的差异 ⟶ 在统计学上具有显著性
- 属于误差或巧合范围内的差异 ⟶ 在统计学上不具有显著性

我们可以再举一个更直观的例子。扔一枚硬币,正面朝上的概率是 50%,反面朝上的概率也是 50%;扔两次硬币,两次均为正面朝上的概率是 $0.5 \times 0.5 = 0.25$(25%)。现实中,即使两次都是正面朝上,很多人仍会认为这纯属巧合。

那么,如果扔四次硬币,还都是正面朝上,人们会怎么想?或许会开始怀疑"扔硬币的人在作弊"。那么,当第五次仍然是正面朝上时,所有人应该都会确信"这不是巧合"。

四次均正面朝上的概率是 $0.5 \times 0.5 \times 0.5 \times 0.5 = 0.0625$(约6%),五次均正面朝上的概率是 $0.5 \times 0.5 \times 0.5 \times 0.5 \times 0.5 = 0.03125$(约3%)。判断是否在统计学上具有显著性的基准数值 5% 恰好处在这两个概率之间。看到投五次硬币均正面朝上,很多人会怀疑这不是单纯的巧合,而是作了弊。把这种感觉落实为实际的数值,便是 5%。

换句话说,"在统计学上具有显著性"表示,两组之间的差异纯属巧合的概率就像连投五次硬币均正面朝上一样,概率非常小。

定期接受体检并不能带来长寿

丹麦的这项研究显示，接受体检未必就能长寿。不过，这项随机对照试验终归只是在丹麦国内进行的研究。评估体检是否有效是关乎国家整体健康政策的重要问题，仅参考一项随机对照试验的结果做出判断的话，会有很大的风险。因此，下面介绍几项其他国家或地区的随机对照试验的结论。考察多项研究时，可以采用"元分析"（meta-analysis）方法。元分析是指整合多项研究结果，从整体的角度验证关系的方法（参考正文第 40 页）。尤其是整合多个随机对照试验的元分析在证据等级中所处等级最高。

元分析的结果已经证实，体检和长寿之间的确不存在因果关系。[①]

在实施随机对照试验的丹麦研究者们看来，组织大规模随机对照试验虽然成本很高，但与为全体国民提供没有效果的体检服务相比，则要划算得多。也就是说，不能贸然实施不知是否有效的政策，即使需要付出一些成本，也应该先验证因果效应是否存在，然后再决定是否要全面实施。

投入 1 200 亿日元税金的代谢综合征体检

尽管国外已有可靠证据表明体检不能带来长寿，日本仍在

[①] 看到这个结论便认为体检没有任何意义还为时过早。虽然体检不能带来长寿，但在糖尿病或高血压的初期阶段接受治疗可预防失明、脑梗死等并发症，从结果来看，可以提高生活质量。

2008年启动了特定健康体检（俗称代谢综合征体检）和特定保健指导服务。

众所周知，这项政策的目的在于尽早发现并治疗生活习惯病，所有40岁以上的健康保险参保者都必须接受该体检。从2008年至2014年，日本为这项体检总计投入了大约1 200亿日元税金。

斥巨资引入的代谢综合征体检是否见效？为调查体检的效果，厚生劳动省又耗费约28亿日元架构数据库。然而数据库后来出现问题，只能分析收集到的数据中的20%，由此引发了舆论谴责。

与在全国范围内实施代谢综合征体检相比，日本完全可以先在部分地区组织随机对照试验，证实确有成效后再引入到其余地区。不同规模的随机对照试验所需成本不同，但最多也不过相当于1 200亿日元中的很少一部分。这样的话，或许国民的税金便可以用在更有效的地方。

日本既没有参考国外的先行研究成果，也没有根据本国数据验证代谢综合征体检的效果，我们对此只能表示遗憾。

这里有一点需要注意："体检"不同于"筛查"。体检为健康诊断，筛查则是针对特定疾病进行排查，如"癌症筛查"。与体检不同的是，很多筛查被证实对延长寿命具有因果效应。有证据显示，对乳腺癌、大肠癌、宫颈癌等癌症的筛查能够提高存活率。关于各类癌症的证据详情可以参考国立癌症研究中心的"推动有科学依据的癌症筛查"等页面[1]。

"医疗费用自付比例"和"健康"是因果关系吗？

近些年来，医疗费用增加成为日本社会普遍关注的问题。2015年，日本成为世界第三大高医疗费用支出国（占GDP比例），很多人看到这条新闻或许都会感到震惊。医疗费用高涨带来的危机感与日俱增。因此，是否应该提高老年人医疗费用的自付比例成了公众热议的话题。

2017年2月，70岁以下人口的医疗费用自付比例为30%，70～74岁人口的自付比例为20%，75岁及以上人口的自付比例为10%（各年龄段的准现役收入者[2]自付比例均为30%），自付比例随年龄增长而递减。与老年人自付比例为零的1973—1983年相比，各年龄段人群之间的差距已经有所缩小，但年轻群体仍抱有强烈的不公平感。

提高自付比例有望缓解稍有不适就挤占急诊资源就医的"急诊不急"现象，削减医疗费用支出。

然而，一旦提高自付比例，老年人为节省支出或许就会放弃就医。这样的话，恐怕会错过及早发现病情接受治疗的机会，给

---

[1] 国立癌症研究中心的主页（http://canscreen.ncc.go.jp/）。
[2] "准现役收入者"指按照日本医疗制度规定计算的年应税收入超过145万日元的70岁以上老年人。

老年人的健康状况造成不良影响。

如果对老年人的健康状况没有不良影响，通过提高自付比例控制医疗费用便是合理的设想。不过，如果会带来不良影响，则需要慎重研究。在实际中，提高自付比例是否会产生不良影响呢？

一项随机对照试验——"兰德健康保险实验"（RAND Health Insurance Experiment）给出了这个问题的答案。哈佛大学医疗经济学家约瑟夫·纽豪斯在就职于美国著名智囊机构兰德公司期间实施了这项研究。该研究规模庞大，从1971年持续到1986年，以居住在美国6座城市的2 750个家庭为研究对象，投入的研究费用按现在物价计算相当于3亿美元。

组织方专门为这项研究成立了民间医疗保险公司，研究对象可免费加入医疗保险。不过，他们被随机分入四个研究组，每组的自付比例各不相同。

研究组① 自付比例0%的方案（=对照组）

研究组② 自付比例25%的方案 ⎫
研究组③ 自付比例50%的方案 ⎬（=干预组）
研究组④ 自付比例95%的方案 ⎭

该研究的干预组多达3组，并分别设置了不同的自付比例。

分入这三组的研究对象加入研究组②~④的方案，而对照组则是自付比例 0% 的研究组①。

兰德健康保险实验的结果

下面来看兰德健康保险实验的结果。首先是各组支出的医疗费用。如图表 2-4 所示，研究组①（自付比例 0%）的医疗费用明显高于其他三组。和研究组④（自付比例 95%）相比，高出约为 30%。由此可以认为，医疗费用自付比例越高，国家整体支付的医疗费用越少。

图表 2-4　医疗费用自付比例降低，医疗费用会随之增加
　　　　——各种医疗费用自付比例方案的人均年医疗费用情况

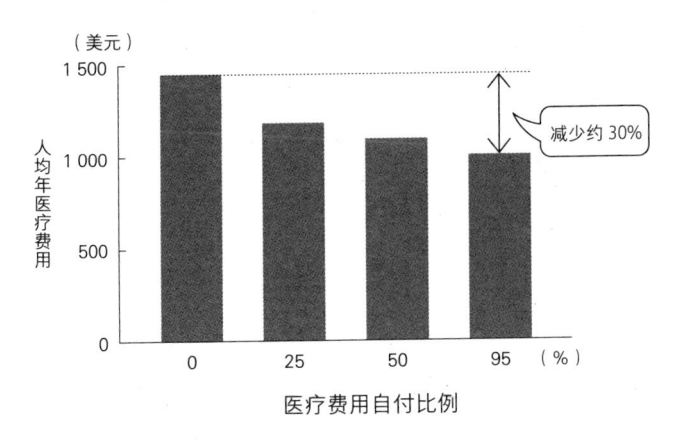

（数据来源）约瑟夫·纽豪斯等（1993）

接下来看门诊就医次数发生了什么变化。如图表 2-5 所示，研究组①（自付比例 0%）和④（自付比例 95%）之间同样存在 30% 左右的差异。

也就是说，医疗费用自付比例越高，人们就医或住院的次数越少。

图表 2-5　医疗费用自付比例降低，门诊就医次数随之增加
——各种医疗费用自付比例的人均门诊就医次数

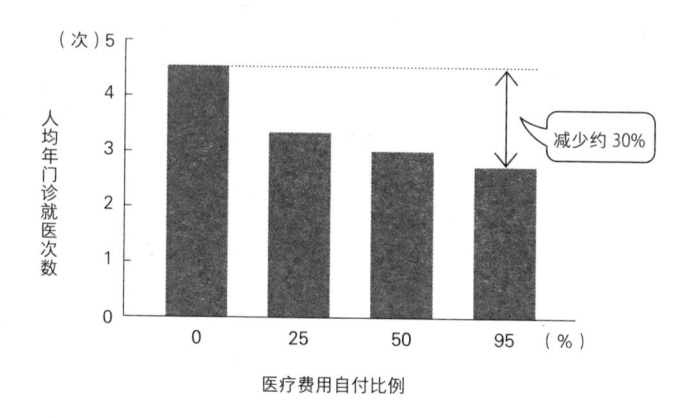

[图表：纵轴为人均年门诊就医次数（次），横轴为医疗费用自付比例（%），0%约4.5次，25%约3.3次，50%约2.9次，95%约2.6次，标注"减少约30%"]

（数据来源）约瑟夫·纽豪斯等（1993）

除贫困阶层以外，提高自付比例对健康状况没有影响

上述结果并不值得惊奇。不过，除了这些结论，兰德健康保险实验还证实了医疗费用自付比例与人们的健康状况之间不存在因果关系。在高血压症等 30 项健康指标上，研究组①（自付比例 0%）与研究组②～④之间未发现在统计学上具有显著性的差异。

换句话说，这项研究表明，即便医疗费用自付比例提高，也不会导致人们的健康状况恶化，反而能缓解"急诊不急"现象，缩减国家整体的医疗费用支出。

不过，有一点需要注意：将研究对象限定为健康状况较差的低收入人群时，自付比例的提高就会导致人们健康状况恶化[1]。

总而言之，提高自付比例从整体来看不会对健康状况造成不良影响，但会使贫困阶层人群的健康状况恶化。在探讨提高医疗费用自付比例时，为了避免使贫困阶层受到不良影响，需要采取充分的安全保障措施，将经济困难人群的自付比例等控制在较低水平。

第 2 章的关键词

随机对照试验

随机对照试验通过投硬币、随机数表、抽签等方式，将研究对象人群随机分为接受干预的组（干预组）和不接受干预的组（对照组），使两组成为可比较的组，用对照组的数据替换干预组"如果没有受到干预"的反事实。

---

[1] 结果显示，30 项健康指标当中，与高血压症、视力、牙科护理、危重症状等 4 项相关的健康状况出现恶化。"危重症状"指胸痛、出血、失去意识、呼吸困难、体重减少 10 磅（约 4.5 千克）以上等症状。

COLUMN 2　整合多项研究的"元分析"

论证某两个变量之间是否存在因果关系的研究未必只有一例。不同研究者围绕同一主题撰写论文的现象非常普遍。有些使用的数据相同,有些使用的数据不同。

如果围绕同一主题的所有研究均得出相同的结论,那倒无妨。但有时某篇论文得出的结论是"存在因果关系",而另一篇的结论是"不存在因果关系"。遇到这种情况,不能认为只有对自己研究有利的论文结论是正确的。英语将类似的选择性失明行为称作"摘樱桃"(cherry picking),在研究中尤其需要避免。遗憾的是,当今日本互联网上的信息汇总网站上随处可见这类"摘樱桃"的行为,错误信息广为扩散的现象也不在少数。

这时需要用到的就是"元分析"(meta-analysis)。"meta"意为"高层次的","analysis"意为"分析",是一种综合多项研究结果,从整体上论证变量间关系的研究方法。

近年来,日本国立癌症研究中心和日本烟草公司(JT)的对峙等使元分析得到了广泛关注。

国外已有研究证实被动吸烟确实会增加肺癌的患病风险。为此,欧美的很多国家制定了法律,全面禁止在公共场所、餐厅等室内空间吸烟。然而,用日本人的数据进行的研究,尚未得出能够证明被动吸烟与肺癌之间存在因果关系的结论。虽然已经出现了一些以日本人为对象的研究，但由于对象人数较少，未能得出在统计学上具有显著性的结果。

于是，日本国立癌症研究中心的研究团队于 2016 年 8 月发表了一份整合了 9 项采用日本国内数据的观察研究的元分析。该分析的结论是：对日本人来说，被动吸烟也会使肺癌患病风险提高 1.3 倍。据此，日本国立癌症研究中心指出，鉴于已明确证实被动吸烟会导致不吸烟的日本人肺癌患病风险增高，有必要全面禁止室内吸烟行为，仿效国外采取预防被动吸烟的措施。

然而，日本烟草公司作为日本烟草行业的代表对此结论提出了质疑。在日本国立癌症研究中心发表元分析结果的当天，日本烟草公司便以社长名义发表抗议声明，称该元分析"把时期和条件各不相同，且结果均在统计学上不具有显著性的 9 项研究整合在一起"，其结果"难以证明被动吸烟与肺癌之间确实存在因果关系"。

对此，日本国立癌症研究中心的研究者们迅速反驳，批判日本烟草公司的声明"轻视了被动吸烟的危害"，称他们并非为了利于得出该结论才选择了这 9 项研究，而是从采用日本人数据的论文中选出所有提及因果关系的论文，并依照科学步骤对其进行综合分析。研究中心用确凿的证据断然反驳了日本烟草公司的主张，指出被动吸烟并非日本烟草公司所称的"添麻烦"或者"素质"层面的问题，而是"拥有科学依据的、危害健康的问题"。最终，被动吸烟会提高肺癌患病风险的认知由此得到了普及。

第 3 章

男医生比女医生更优秀吗?

利用与实验类似的偶发现象进行自然实验

用现有数据重现与实验类似的环境

随机对照试验的证据等级很高，但实施过程中会遇到不少困难。比如，可能很难对作为研究对象的个体或企业进行人为随机分组。研究对象可能会强烈反对，或者很多情况下出于伦理考虑，无法进行随机对照实验。

让我们用珠宝店的例子设想一下。你所在的珠宝店在全国共有100家店铺。如前文所述，你想明确广告给销售额带来的因果效应。如果可以组织随机对照试验，只需把100家店铺随机分成投放广告的店铺（干预组）和不投放广告的店铺（对照组），进行比较即可。然而实际上这恐怕不会这么轻易实现。

被分入不投放广告组的店铺可能会有意见，在重视速度的销售最前线，恐怕也没有充足的时间等待随机对照试验的结果出来之后再做决定。

再者，如今已是大数据时代。对很多情况，我们手头已经掌握了各种各样的数据。如果对这些数据视而不见，只会感叹"不做随机对照试验，就无法测定广告效果"，这样的人实在称不上有能力的企业人。

无法实施随机对照试验等人为实验时，我们只能用手头现有的数据进行分析。通过随机对照试验得到的数据称为"实验数据",通过日常经济活动得到的数据以及从政府统计调查等渠道获得的数据称为"观测数据"。

采用观测数据进行分析时,首要工作是从观测数据中找出"与人为实验相类似"的环境。本章介绍的"自然实验",便是通过法律或制度变化、自然灾害、战乱等人们无法预测的变化,找到与随机对照试验类似的环境,从而明确两个变量之间的因果关系。

此处重申,这种方法的目的同样也是"制造可比较的组,用最贴切的值替换反事实"。事先无法预测的某些因素(经济学称其为"外生冲击")可以在不经意中将研究对象自然而然地划分为干预组和对照组,自然实验就是要利用这种环境。根据研究内容的不同,可以利用的外生冲击包括制度变革、自然灾害等。

那么回到上面的例子,考虑到实施随机对照试验的难度,你决定为所有的 100 家店铺统一投放报纸折页广告。可是,负责印刷广告的某家企业印刷机出现故障,导致部分店铺未能投放广告。

于是你想到了一个主意:利用这种情况,对如期投放广告的店铺和未能投放广告的店铺进行比较,是不是就能评估出广告给销售额带来的因果效应呢?实际上,这正是自然实验的思维方式。

"医生性别"与"患者死亡率"是因果关系吗?

下面介绍一项运用自然实验的研究。走进书店,能看到书架上摆着很多介绍"名医排行"的书籍。翻过这类书的人或许会发现,绝大多数"名医"都是男性。人们似乎大多抱有一种印象,认为名医肯定是男医生。然而,男医生真的比女医生更优秀吗?

本书的作者之一津川曾研究过这一课题。他分析了2011年至2014年因内科疾病在美国医院住院的超过100万名患者的数据,试图验证主治医生为男性的情况下和主治医生为女性的情况下,患者住院后30天之内死亡的概率(30天死亡率)有无差异。

思考这个问题时必须注意一点:男医生或许更倾向于选择重症患者,或者重症患者更倾向于选择男医师做自己的主治医生。为排除这类选择性偏差的干扰,津川等人选择针对住院医师(hospitalist)进行研究。

住院医师指不对外坐诊、只负责治疗住院患者的内科医生。这类专业医生自20世纪90年代起在美国得到飞速发展,如今绝大多数大型医院的内科住院患者都由住院医师负责治疗。住院医师的工作通常为轮班制,主要负责自己当班时收治的患者。也就是说,住院医师无法选择自己负责哪些患者,而患者也不能选择自己的主治医生。这种情况正可谓将患者随机分配到男医生组或女医生组的自然实验。

女医生负责的患者死亡率更低

津川等人的分析结果显示,女医生负责的患者的 30 天死亡率比男医生的患者低 0.4%。(见图表 3-1)

图表 3-1　女医生负责的患者 30 天死亡率更低

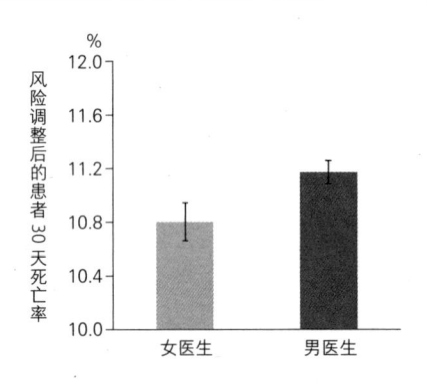

(注)本数据为对患者重症程度、医生特点等因素进行调整后,对就职于同一所医院的男医生和女医生(均为住院医师)进行比较的结果。柱状图顶部的竖线为"95% 置信区间",表示推测值有 95% 的概率属于该区间范围内。更严密地说,95% 置信区间的定义是:将同一研究重复进行 100 次,每次均构造出 95% 置信区间,其中有 95 次的置信区间会包含真值。
(数据来源)摘自津川等(2017),对部分内容稍做了调整。

也许有人觉得 0.4% 的差异很小,几乎可以忽略不计。但其实这个差异绝对不小。死亡率 0.4% 的差异和近十年美国通过各种努力才实现的住院患者死亡率的下降幅度几乎持平。美国通过研发新药和医疗器械、开展医学研究获得最新知识、完善临床指南等途径实现的死亡率降幅和男女医生负责患者的死亡率之差相当,这个事实足以让人震惊。

为什么女医生负责的患者死亡率更低？既往研究发现，女医生遵照临床指南进行治疗的比例更高，她们和患者之间的交流也更为密切。有可能是男女医生在治疗方法上的差异导致了患者预后的差异。[1]

在美国，与男医生相比，女医生薪酬更低，晋升所需年数更多，这已经上升为社会问题。从该研究中也可以发现，女医生提供的治疗质量高于男医生。因此，在医疗领域，也需要消除性别带来的差距。

"出生体重"与"健康"是因果关系吗？

日本有这样一句老话：先生小娃再养大。说的是婴儿出生时体重越轻越好，生下后再把孩子养胖更好。在剖宫产技术尚不成熟的年代，为降低产妇因为生产而死亡的风险，才会出现这句老话。

或许是受这种观念的影响，日本的低出生体重儿（出生体重低于 2 500 克）比例要高于其他国家。（见图表 3-2）

低体重对婴儿真的没有影响吗？一项经济学研究运用双胞胎的数据探讨了这个问题，其方法是对双胞胎中出生体重较重的婴儿（干预组）和出生体重较轻的婴儿（对照组）进行比较。

也许有人会想双胞胎的体重也存在差异吗？一般而言在母体

---

[1] 这项研究的对象为内科医生。目前尚无研究表明研究外科或其他领域的医生会得出相同结果。

图表 3-2　日本的低出生体重儿多于他国
——各国低出生体重儿的比例

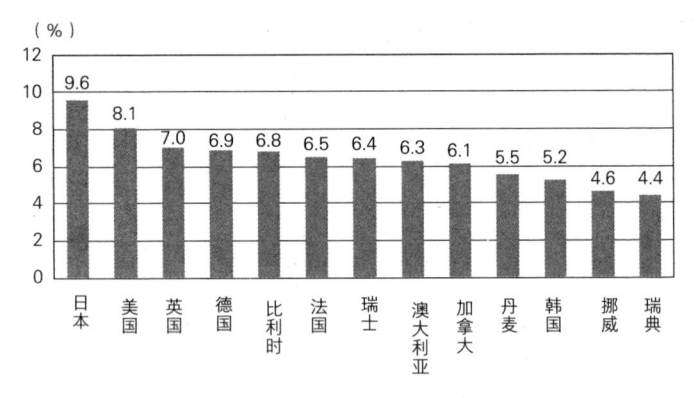

(%)

日本	美国	英国	德国	比利时	法国	瑞士	澳大利亚	加拿大	丹麦	韩国	挪威	瑞典
9.6	8.1	7.0	6.9	6.8	6.5	6.4	6.3	6.1	5.5	5.2	4.6	4.4

（注）低出生体重儿的定义为出生体重低于 2 500 克的婴儿（2011 年）。
（数据来源）OECD Health Statistics 2016

中营养状况相对更好的胎儿体重会更重，也会先出生。当然，双胞胎的出生顺序是偶然的，他们自然分为体重较重的婴儿和体重较轻的婴儿也可看作一种自然实验。

出生体重较重的婴儿更健康

美国、挪威、加拿大、中国台湾采用大量双胞胎数据展开的研究证实，出生体重较重的婴儿长大后的成绩、学历、收入和健康状况更好。本书作者之一的中室曾利用日本的双胞胎数据进行研究，也发现出生体重较重的孩子初中毕业时的成绩更好。从孩子的角度来考虑，"先生小娃再养大"的建议并不对。

近年来，不少经济学研究成果支持"胎儿起源说"。胎儿起源说认为，胎儿时期的发育环境对之后的人生具有决定性的重要影响。这一主张和出生体重与成绩、学历、收入及健康状况之间存在因果关系的经济学研究成果并不矛盾。它不仅阐述了确保孕产妇过上多彩且舒适生活的重要性，也为探讨社会应如何保护和支援准妈妈提供了契机。

基于"胎儿起源说"撰写了畅销书《胎内人生》的作家安妮·墨菲·保罗（Annie Murphy Paul）在TED演讲中曾说过这样一番话："研究胎儿起源不是为了追究准妈妈在怀孕过程经历的不幸遭遇或行为，而是为了帮助下一代的孩子们发现更美好的人生。"

第3章的关键词

自然实验

利用研究对象人群由于法律制度变更、自然灾害等"外生冲击"的影响而自然分成受影响组（干预组）和不受影响组（对照组）的现象，来验证因果关系。

COLUMN 3　被动吸烟会增加心脏病的患病风险吗？

　　日本国立癌症研究中心实施的元分析研究证实了被动吸烟与患肺癌之间确实存在因果关系。不过被动吸烟引发的疾病不只有肺癌。使用阿根廷的数据进行的一项研究表明，被动吸烟与心肌梗死之间也存在因果关系。

　　自 2005 年世界卫生组织（WHO）批准《烟草控制框架公约》以来，阿根廷迅速加强了对烟草的控制。然而，随着阿根廷地方分权制度的深化，各省在政治和财政方面掌握的自治权大于国家，烟草控制的落实情况也各不相同。

　　例如，位于阿根廷北部的圣菲省颁布了严格的禁烟法令，规定自 2006 年 8 月起公共场所全面禁止吸烟，甚至还设立了举报热线，吸烟者、知情却未加以阻止的餐厅或酒吧都属于举报对象。其惩罚措施非常严厉，一旦违反该规定，不仅吸烟者本人，就连默许其吸烟的店铺也必须交纳罚金，甚至被迫停业。而相比之下，阿根廷首都布宜诺斯艾利斯市的规定则比较宽松，餐厅或酒吧只要安装换气设施，便允许吸烟。

　　阿根廷保健部的研究人员试图把这种情况视为自然实验，对控制严格的圣菲省（干预组）和控制宽松的布宜诺斯艾利斯市（对照组）进行比较。该项研究得出的结果引人深思：两个地区在实施控制规定后，吸烟率并未发生变化。即实行控制未能阻止吸烟者继续吸烟。不过，实行严格控制的圣菲省的心肌梗死住院患者人数要比布宜诺斯艾利斯市少 13%（图表 3-3）。也就是说，吸烟者未发生变化，但被迫受二手烟影响的人的健康状况得到了改善。

不过，严格控制吸烟没有对圣菲省的经济造成不良影响吗？规定实行初期，圣菲省的餐厅及酒吧经营者曾担忧吸烟者会减少外出就餐，使营业额下降。然而，后来有研究比较了规定严格的省份和规定宽松的省份餐厅及酒吧的营业情况，发现两个地区的营业额差异在统计学上不具有显著性。美国也有很多州和城市实行了相同规定，过去的研究已经证明，这些规定不仅不会影响餐厅或酒吧的营业额，对宾馆等行业的销售情况也没有影响。

图表 3-3　公共场所禁烟有利于非吸烟者的健康
　　　　——圣菲省和布宜诺斯艾利斯市的心肌梗死住院患者数

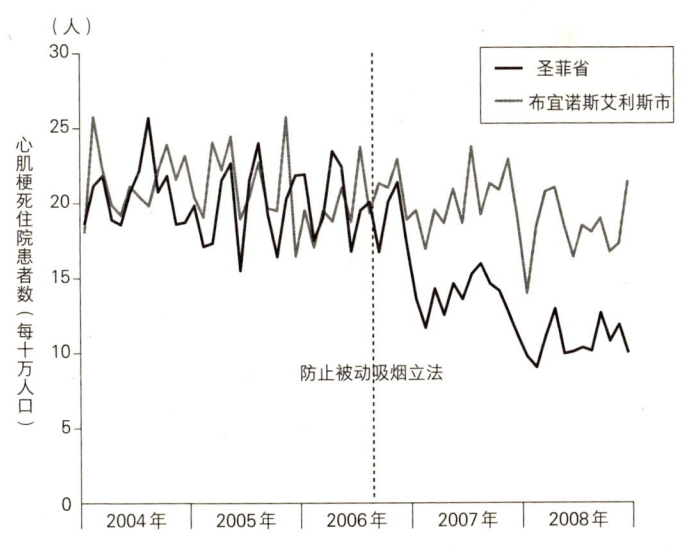

（数据来源）本图表由作者根据费兰特（Ferrante）等人的研究（2012）制成。

众所周知,日本的被动吸烟防范制度及措施尚不到位,从这项研究可知,布宜诺斯艾利斯市的部分被动吸烟防范措施不足以保护不吸烟者免受二手烟的伤害。日本也应该制定更为严格的规定防止被动吸烟,这个建议绝不过分。

第 4 章

最低工资与就业之间存在因果关系吗？

排除趋势影响的双重差分法

模仿实验的"准实验"

自然实验是利用观测数据和外生冲击,找到类似随机对照试验的环境。然而,日常生活中很少出现法律制度变更、自然灾害等外生冲击,很难找到可视为自然实验的环境。在这种情况下,我们应该怎么做呢?

本章开始介绍"准实验"。准实验是对实验的"模仿",即通过观测数据和统计学方法,打造出与实施随机对照试验相类似的状态。关于这里所说的"统计学方法",本书将介绍以下4种。

- 双重差分法(第4章)
- 工具变量法(第5章)
- 断点回归法(第6章)
- 匹配法(第7章)

前后比较毫无意义

让我们回到珠宝店的例子。你所在的珠宝店在2014年圣诞节期间没有投放广告,当年12月的销售额为1 000万日元;而2015年的圣诞季商战中大规模投放了报纸广告,当年12月的销售额是

1 400 万日元。

减去投放广告所花费的 100 万日元，2015 年 12 月的销售额比上一年同期增长了 300 万日元。（见图表 4-1）

图表 4-1 通过前后比较，能推算出广告的效果吗？

	2014 年 12 月	2015 年 12 月	差异
销售额	1 000 万日元	1 400 万日元	400 万日元
有无投放广告	×	○	
广告费用	0 日元	100 万日元	100 万日元

销售额增长 300 万日元！

我们可以把这 300 万日元归功于广告吗？2016 年的圣诞节之前应该继续投放广告吗？

倘若只参考图表 4-1，我们很可能会得出这样的结论：销售额从 2014 年的 1 000 万日元增长到 2015 年的 1 400 万日元，这是广告效应，2016 年应当继续投放广告。这种单纯比较投放广告前后结果的分析方法叫作"实验前后测设计"。可能有人常会看到这种分析方法被用来论证某些措施或策划确实产生了功效。

然而，实验前后测设计无法证明广告与销售额之间存在因果关系。

不能使用实验前后测分析的两个原因

为什么不能使用实验前后测分析？原因有二。第一，这种方法没能考虑到随时间产生的自然变化（"趋势"）所造成的影响。以珠宝店为例，2015 年销售额增长也许只是因为当年经济形势更好，即使不投放广告或许也能卖出 1 400 万日元。"趋势"的形成与投放广告与否无关，但实验前后测分析容易将其误视为广告的效果。

第二，是"回归平均"的可能性。这是一种统计学现象，在不断收集数据的过程中，偶尔出现一个极端值后，数据会逐渐回归到通常的水平。也许有人遇到过这样的事：偶尔测量一次血压，可能会出现很高或很低的值，但只要再多测几次，就会变成平时的血压。当然也可能是跑完步等情况下血压变高，不过在反复测量的过程中"回归平均"（平时血压值）。说不定你所在的珠宝店也只是碰巧在 2014 年销售额下降。如果真是这样的话，销售额之后便会回归平均，因此 2015 年销售额增加也不足为奇。

投放广告后，即使销售额有所增长，我们也无法断定这不是"趋势"或回归平均现象所导致的结果。因此，实验前后测分析无法用来评估广告的因果效应。

去年的销售额为"反事实"时,前后比较才有效

不过,实验前后测设计在一些特殊案例中也可以使用。我们继续思考图表 4–1 的事例。

要证明 2014 年和 2015 年的销售额之差(400 万日元)是广告的因果效应,必须满足一个条件,即 2015 年如果没有投放广告,就会实现和 2014 年完全相同的销售额。

换句话说,2014 年的销售额必须可以代表"如果 2015 年未投放广告"的反事实。(见图表 4–2)

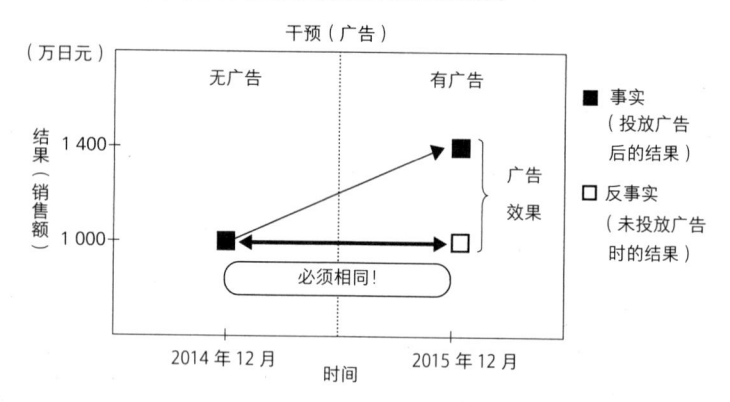

图表 4-2　可以使用实验前后测设计的特殊案例

```
(万日元)         干预(广告)
              无广告        有广告        ■ 事实
结果                                        (投放广告
(销  1 400 ─────────────■                  后的结果)
 售                    ╱  ┃
 额)                ╱    ┃ 广告
                  ╱      ┃ 效果
     1 000 ─■────────────□              □ 反事实
            ←──────────→                  (未投放广告
            ╲必须相同!╱                    时的结果)
          2014 年 12 月    2015 年 12 月
                  时间
```

然而,实际上无论投放广告与否,销售额都会受到"趋势"的影响或者增加,或者减少。图表 4–3 是从图表 4–1 追溯到过去几年的数据。从图表中可以看出,2012 年至 2015 年,你所在的珠宝店很受欢迎,销售额连年攀升。尽管 2012 年到 2014 年从未

打过广告，销售额仍以每年 400 万日元的增速不断上涨。

图表 4-3　往年销售额数据回顾

时间	2012 年 12 月	2013 年 12 月	2014 年 12 月	2015 年 12 月
销售额	200 万日元	600 万日元	1 000 万日元	1 400 万日元
有无广告	×	×	×	○

+400 万日元　　+400 万日元　　+400 万日元

这种情况下，2015 年较 2014 年增长的 400 万日元销售额就不是广告的效果，而只是"趋势"。如果没有看到 2012 年到 2014 年的销售额走势，恐怕就会把 2014 年到 2015 年增长的 400 万元误认为是广告的效果了。

再来看图表 4-4。该图表体现了无论在事实还是在反事实中，销售额都不断增长的"趋势"，说明广告效果为零。

图表 4-4　实验前后测设计容易忽视"趋势"的影响

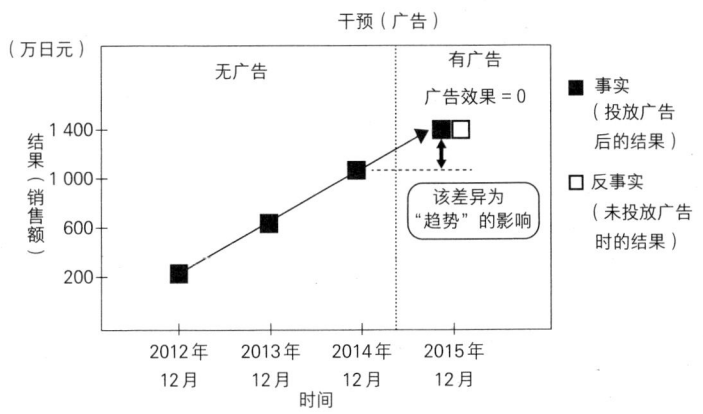

实验前后测设计的改良版——双重差分法

"双重差分法"是实验前后测设计的改良版。它与实验前后测设计不同之处在于,双重差分法需要代表反事实的"对照组"。

要采用双重差分法,必须分别获取干预组与对照组在实验前后两个时点的数据。顾名思义,这种方法需要两个"差异"数据。一个是干预前后的"差异"(与实验前后测设计推算的效果相同);另一个则是干预组与对照组的"差异"。这种方法用两个"差异"的差异来推算干预的效果,故名"双重差分法"。

下面进一步介绍这种方法。如图表 4-5 所示,在受到干预的组(干预组)中,设干预前的结果为 A1,干预后的结果为 A2;然后在未受到干预的组(对照组)中,设干预前的结果为 B1,干预后的结果为 B2。

图表 4-5 双重差分法的概念(1)

	干预前	干预后	差异
干预组	A1	A2	A2-A1
对照组	B1	B2	B2-B1

二者之差 {(A2-A1)-(B2-B1)} 即因果效应

干预组的前后比较(A2-A1)和对照组的前后比较(B2-B1)之间的差(A2-A1)-(B2-B1),即为用双重差分法推算出的干预效果。图表 4-6 中,从 A1 到 A2 的线代表事实(投放广告后的结果），从 B1 到 B2 的线代表反事实（如果投放广告的店铺未曾投放广告会产生什么结果）。

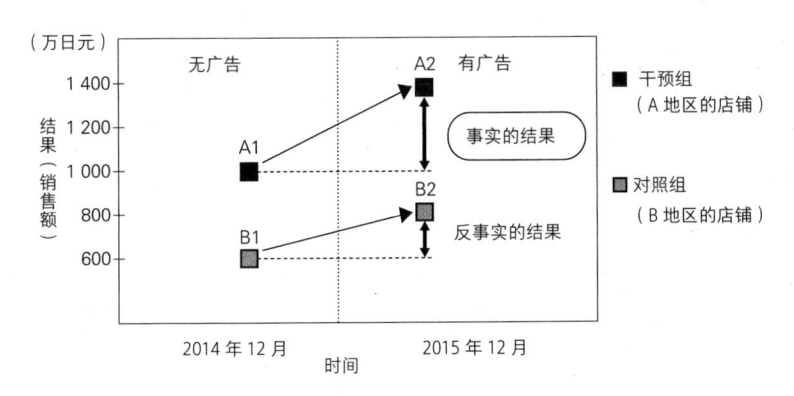

图表 4-6　双重差分法的概念（2）

```
（万日元）
                            A2  有广告
  1 400                      ■
            无广告           │ 事实的结果
  1 200                      │
结果       A1                │
（销售  1 000  ■─────────────│
  额）                       B2
   800                       ■ 反事实的结果
            B1              │
   600      ■───────────────│

         2014 年 12 月    2015 年 12 月
                    时间
```

■ 干预组（A 地区的店铺）
■ 对照组（B 地区的店铺）

从干预组的前后差异 A2−A1 中减去对照组的前后差异 B2−B1，这种方法排除了"趋势"的影响，所以能够准确地推算出因果效应。

以珠宝店为例具体说明。假设在全国所有店铺中，A 地区的店铺在 2015 年投放了广告，而 B 地区的店铺在同一时期没有投放广告。B 地区店铺 2014 年 12 月的销售额为 600 万日元，2015 年 12 月的销售额为 800 万日元。（见图表 4-7）

投放了广告的 A 地区店铺 2015 年的销售额相比 2014 年增长了 400 万日元，而没有投放广告的 B 地区店铺销售额增长了 200 万日元（800 万日元 − 600 万日元）。两地区的销售额涨幅的差 200 万日元（400 万日元 − 200 万日元），即为双重差分法得出的

图表 4-7　用双重差分法推算珠宝店的销售额

	2014 年 12 月	2015 年 12 月	差异
干预组的销售额 （A 地区的店铺）	1 000 万日元	1 400 万日元	400 万日元
对照组的销售额 （B 地区的店铺）	600 万日元	800 万日元	200 万日元

200 万日元的因果效应

干预的因果效应。如前文介绍的，即使广告投放成本为 100 万日元，投放广告也能为店铺带来 100 万日元（200 万日元 – 100 万日元）的额外收益。

双重差分法成立的两个前提条件

双重差分法成立必须满足两个前提条件。

第一，"干预组和对照组在投放广告之前的销售额趋势平行"。B 地区店铺的销售额代表了 A 地区店铺如果未投放广告时的反事实状态。因此，A 地区店铺和 B 地区店铺至少在干预前必须为"可比较"的组。换句话说，A 地区和 B 地区在投放广告之前的销售额必须具有相同的"趋势"（图表 4-8 中体现的倾斜程度）。

图表 4-8　双重差分法的前提条件

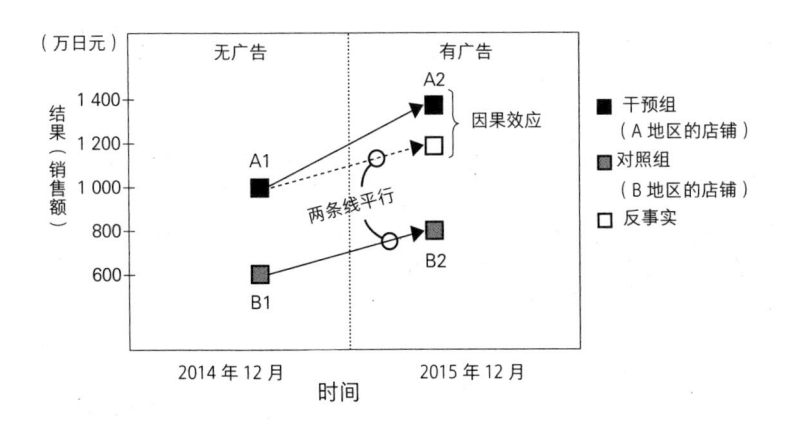

不过，只看 2014 年和 2015 年的数据，无法判断 A 地区和 B 地区在投放广告之前的销售额"趋势"是否相同。于是，我们再来看一看 2013 年 12 月的数据。（见图表 4-9）

图表 4-9　通过往年销售额掌握"趋势"

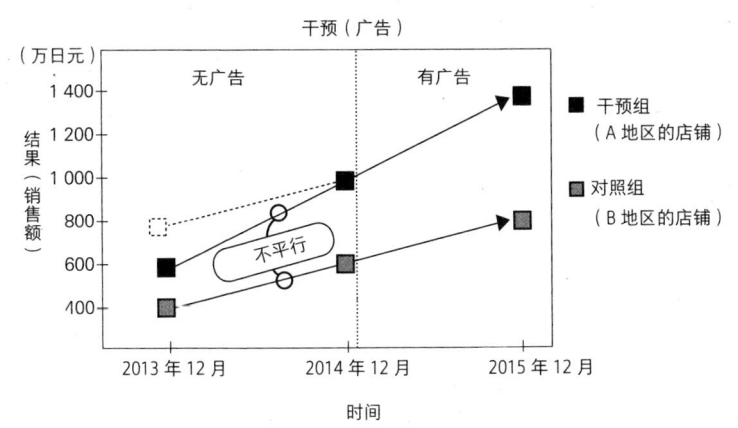

从图表 4-9 中不难看出，在投放广告之前，即 2013 年 12 月到 2014 年 12 月期间，A 地区和 B 地区的销售额"趋势"并不相同。也就是说，A 地区的店铺即使不投放广告，每年销售额也会持续增加 400 万日元，而 B 地区的店铺销售额每年涨幅只有 200 万日元。这样来看，两地区的店铺不满足"干预组和对照组在投放广告之前的销售额趋势平行"的前提条件，因此无法使用双重差分法。

另一方面，我们再来看一看图表 4-10。A 地区和 B 地区在投放广告前，销售额的"趋势"是相同的。二者都以每年 200 万日元的幅度增长。这种情况满足"干预组和对照组在投放广告之前的销售额趋势平行"的前提条件，因此可以使用双重差分法。

图表 4-10 "趋势"平行，则可以使用双重差分法

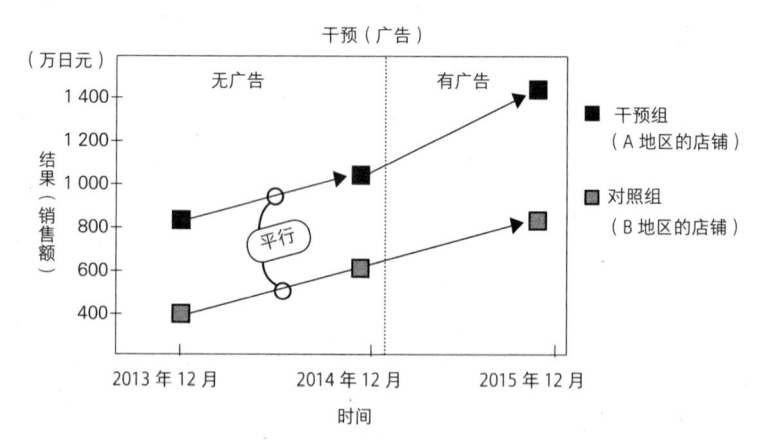

第二个前提条件是，受到干预期间（在该事例中即投放广告的 2014 年 12 月到 2015 年 12 月之间）没有出现影响销售额的"其他变化"。

例如假设在 2015 年 11 月播出的电视剧中，当红女星佩戴的一款项链受到人们的关注。然而，该电视剧只在 A 地区播出，这款项链也只在 A 地区热销。这样就会有问题，使我们无法判断双重差分法推算出的 200 万日元销售额增幅是广告带来的效果还是电视剧带来的效果。

"保育所数量"与"母亲就业"是因果关系吗？

下面介绍一项应用双重差分法的研究。

"没上成保育园，日本去死！"这句话登上了 2016 年日本 U-CAN 新语及流行语大奖的候选名单。因孩子上不成保育园[①]而不得不辞去工作的母亲的这句肺腑之言使日本社会意识到保育园入园难问题的严重性。这句话引发的关注也促使政府制定了紧急措施，放宽了针对保育园的规定。

---

① "保育园"为各种"保育所"的统称，指根据日本的《儿童福祉法》，以"为缺乏看护的婴幼儿提供保育服务"为目的，经有关机构批准设立的机构，一般以 0 岁至小学入学前儿童为保育对象。本书中的"认可保育所"为其中符合"保育所最低标准"，经过日本各地方行政机构的知事认可的保育园。而后文的"认可外保育所"则指未经过地方行政机构认可的保育园。

然而，增设认可保育所真的能促进母亲就业吗？这个问题还有待慎重探讨。因为有研究发现，挪威、法国、美国等国家虽然配备了认可保育所，但母亲就业率并未提升。

对这个问题，我们也需要认真思考保育园与母亲就业的关系属于因果关系还是相关关系。究竟是"因为有保育园，所以母亲去就业"（因果关系），还是"母亲就业率高的地区保育园数量也多"（相关关系）？

增设认可保育所不会提升母亲的就业率

东京大学的朝井友纪子、一桥大学的神林龙和麦克马斯特大学的山口慎太郎针对这一问题展开了研究。他们采用1990年到2010年间日本各行政区的保育园定员率[①]和母亲就业率数据进行了双重差分法分析。第一个差异是1990年到2010年间日本各行政区母亲就业率差异，第二个差异是保育园定员率有所增长的行政区（干预组）和保育园定员率完全或几乎没有增长的行政区（对照组）的母亲就业率差异。朝井等人试图用这两个"差异"推算出保育园定员率的增加对母亲就业率提升的因果效应。

分析结果令人震惊：保育园定员率与母亲就业率之间未发现因果关系。究其原因，朝井等人认为认可保育所可能只起到了替

---

① 保育园定员率为认可保育所的招收定员数除以0～5岁儿童人口数。

代私人保育服务（祖父母、保姆或认可外保育所等）的作用。就业意愿较强的女性原本就在利用这些私人保育服务来确保自己继续工作。因此，认可保育所定员的增加只是促使这些女性由利用私人保育服务改为利用公共保育服务，而并未起到促进全职主妇就业的作用。

最与保育园形成替代关系的恐怕要属祖父母了。据日本厚生劳动省 2003 年的统计，3 岁儿童"平时的保育者"（可多选）中，保育园的保育师占 27%，而祖父母占比则达到 38%，女方父母的比例尤其较高。

这篇论文的作者之一山口指出，即使增设认可保育所并不会对母亲就业产生因果效应，但保育园是由拥有专业知识和技能的保育员所组成的专业组织，可能对儿童的成长和健康产生更多的积极影响。实际上，以往很多经济学研究已证实，优质幼儿教育的投资回报率极高。从这个角度来看，或许正如山口所言，增设认可保育所的目的与其说是促进母亲就业，不如定位为为孩子开拓更好的未来更恰当。

"最低工资"与"就业"是因果关系吗？

再来看一项应用双重差分法的研究。

雇主必须向劳动者支付报酬的最低限额被称作"最低工资"。日本各地的最低工资标准不尽相同。例如，2016 年 10 月，东京都的最低工资为每小时932日元，冲绳县的最低工资为每小时714日元。安倍内阁的成长战略也提及由政府主导提高最低工资。对此除了欢迎的声音，也有不少人担忧它会对就业造成不良影响。

如果企业决定通过裁员调整人员结构，以此抵销提高最低工资所导致的成本增加，那么最低工资的提高确实会导致就业机会的减少。实际上，据说20世纪70年代的美国就曾经出现过这种情况。

不过，断定最低工资与就业之间存在因果关系还为之过早。提高最低工资往往是经济形势恶化时所采取的政策，其目的在于提高工资，带动个人消费。这种情况下，"经济形势恶化"是同时影响最低工资和就业的混杂因素，使我们无法判断到底是"提高最低工资导致了雇佣减少"（因果关系），还是"就业环境恶化导致就业机会减少，于是提高最低工资"（相关关系）。

向这个问题发起挑战的是加州大学伯克利分校的大卫·卡德（David Card）和普林斯顿大学的阿兰·克鲁格（Alan Krueger）。二人关注了新泽西州和宾夕法尼亚州交界处相邻的两个县。在美国，最低工资标准的调整以州为单位各自执行，1992年新泽西州将最低工资从每小时4.25美元提高至5.05美元，而宾夕法尼亚州则保持原有标准不变。

这项研究中的第一个差异是1992年前后两个州的就业率差异，第二个差异是新泽西州（干预组）和宾夕法尼亚州（对照组）的就业率差异。二人试图通过这两个"差异"推算出提高最低工资对就业的因果效应。

提高最低工资不会减少就业

卡德和克鲁格的分析发现，提高最低工资不会减少就业。[1]此外还发现，提高最低工资导致了新泽西州企业提高了产品价格。也就是说，企业并未通过裁员来克服提高最低工资带来的成本上涨，而是将其转移到产品价格上。

马萨诸塞大学安姆斯特分校的杜布（Dube）等人在论文中把新泽西州和宾夕法尼亚州的研究扩大到全美，同样未能发现最低工资会对就业产生因果效应。他们认为最低工资的平稳上升对就业的不良影响是有限的。

第 4 章的关键词

双重差分法

该方法从受到干预的组（干预组）和未受干预的组（对照组）中获取干预前后的结果差异，以及干预后和对照组的结果差异。不过，该方法只在两个前提条件成立时才能发挥作用。第一个前提条件是，干预组和对照组在干预前的结果具有相同"趋势"，即"趋势"是"可比较"的。第二个前提条件是，在施加干预期间，没有其他变化对干预组和对照组的结果产生影响。

---

[1] 卡德等人的论文曾遭到加州大学欧文分校的大卫·纽马克（David Neumark）等人的反驳。此外，目前仍有很多研究在进行探讨，尚未得出最终结论。尤其此处介绍的论文结论是否适合日本国情还有待进一步探讨。日本的相关实证研究可参考大竹文雄、川口大司、鹤光太郎合编的书以及鹤光太郎的相关文章（详见文末参考文献）。

COLUMN 4 "不快点睡觉，妖怪就要来了"是正确的教育方法吗？

美国有一种名为"恐吓从善"（scared straight）的教育方法。通过恐吓让孩子认识到遵守规矩的必要性。例如通过重现交通事故现场让孩子学习遵守交通法规的重要性，或者带不良少年参观监狱以促使他们改过自新。

日本也有一些父母会为了督促孩子睡觉，跟孩子说"不快点睡觉，妖怪就要来了"。看来"恐吓从善"并不是美国人特有的教育方法。

不过，美国的"恐吓从善"之所以更为出名，是因为20世纪70年代，电视曾经报道过一个青年团伙接受这种教育后不再犯罪的事例。从那以后，便有很多人形成了这样的认知："恐吓从善"具有抑制年轻人犯罪的功效。

这是仅仅通过前后比较，用实验前后测设计（参考正文第58页）推导出错误结论的典型事例。电视报道的情况或许只是年轻人长大后认识到自己过去的所作所为非常愚蠢可笑，或者是电视台为了制作节目专门找了一些行为尤其恶劣的年轻人，而后来则出现了"回归平均"（参考正文第59页）。

后来，研究人员对接受过"恐吓从善"教育的年轻人（干预组）和未接受该教育的年轻人（对照组）进行了随机分组比较试验，发现了一个惊人的事实：与未接受该教育的年轻人（对照组）相比，接受过该教育的年轻人（干预组）在后来的人生中涉足犯罪的概率更高。

也就是说，该教育项目看似有效，实际上不仅不具备让青年人改过自新的力量，反而提高了他们犯罪的概率。

采用实验前后测设计，轻率地评估政策效果的做法和"恐吓从善"教育的案例一样，不仅得不到预期的结果，搞不好还会对有可能成为社会危害的政策做出好评。这样的政策在日本比比皆是，例如"宽松教育"，一开始便在全国范围内实行，然后像过时的流行一样不了了之，之后只采用实验前后测设计进行政策评估。不验证因果关系，便推行看似有效的政策，无异于将巨大的风险转嫁到国民身上，这一点我们可不要忘了。

第 5 章

看电视会导致孩子学习能力下降吗?

利用第三变量的工具变量法

广告费打折，该怎样利用

本章将介绍"工具变量法"。

让我们再回到珠宝店的事例。你想评估广告对销售额有没有因果效应。安排下属调查后，遗憾地发现投放广告的店铺和不投放广告的店铺很难被视为可比较的组。因为投放广告与否很大程度上是由各店铺的店长决定的，投放广告的店铺与不投放广告的店铺相比，店长的干劲可谓天差地别。这种情况下，广告与销售额之间可能实际上不存在因果关系，但"店长的干劲"这个混杂因素使二者间显现出"伪相关"。

就在对着销售额数据一筹莫展时，你注意到了一件事。几年前，某地方报社一时起意，搞了一次广告费打折活动。只要广告费用下降，该地区的店铺投放广告的可能性就会大幅提升。于是你想到了一个主意：能否利用这家报社的广告费打折活动，弄清楚广告对销售额的因果效应呢？

这就是工具变量法的基本思路。所谓工具变量，是指"对结果没有直接影响，但会通过影响原因间接影响结果"的第三变量。拿广告费打折的例子来说，这个变量虽然不会直接影响销售额，但会影响店铺是否投放广告的决策，从而间接对销售额产生影响。报社搞不搞广告费打折活动与店长的干劲无关，也不会直接影响珠宝的销售额，但它会影响店铺是否投放广告的决策，从而间接影响到销售额。

那么为什么工具变量能帮助我们明确广告和销售额之间的因果关系呢？

先来看图表 5-1。报社广告费打折活动开展后，投放广告的店铺自然会增多。不过，这个活动并不会对珠宝的销售额产生直接影响。

图表 5-1　利用"工具变量"测量因果效应

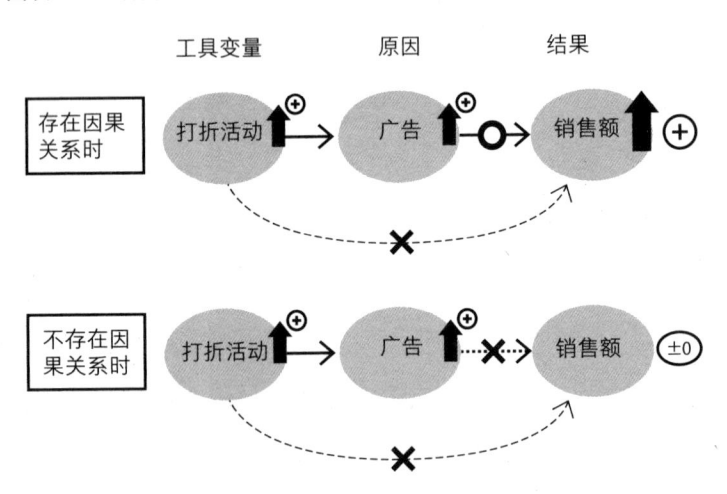

	工具变量	原因	结果
存在因果关系时	打折活动 ⊕ →	广告 ⊕ ○ →	销售额 ⊕
不存在因果关系时	打折活动 ⊕ →	广告 ⊕ ✗	销售额 ±0

因此，如果广告与销售额之间存在因果关系，那么活动促使投放广告的店铺增多，就会导致销售额有所增长。相反，如果不存在因果关系，那么即使打折活动促使投放广告的店铺增多，销售额也不一定会上涨。

工具变量法成立的两个前提条件

工具变量需要满足两个条件。第一，工具变量要能够影响原因，但不直接影响结果。来看图表 5-2。图中箭头表示原因与结果之间的因果关系，如"原因→结果"。箭头表示两者之间存在因果关系，其起点是原因，终点是结果。

图表 5-2　第三变量可作为工具变量的条件（1）

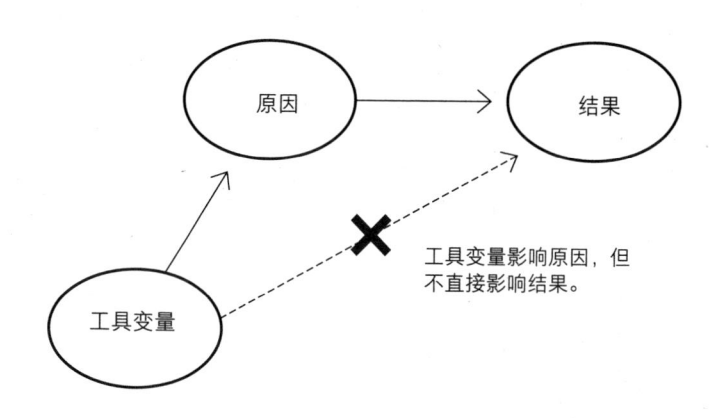

工具变量影响原因，但不直接影响结果。

此时，要使工具变量成立，必须满足的条件是："工具变量→原因"成立，且"工具变量→结果"不成立。

第二个条件如图表 5-3 所示，必须确保不存在同时影响工具变量和结果的"第四变量"。

图表 5-3　第三变量可作为工具变量的条件（2）

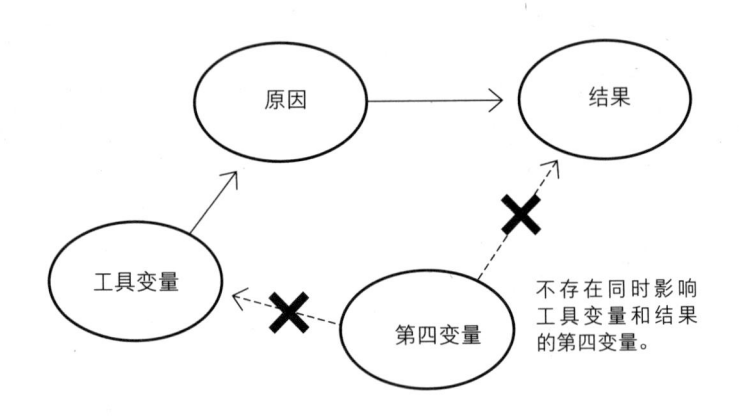

```
        原因 ——————————→ 结果
         ↑                  ✗
         |                  ⋮
       工具变量 ✗⋯⋯⋯⋯ 第四变量       不存在同时影响
                                    工具变量和结果
                                    的第四变量。
```

"看电视"与"学习能力"是因果关系吗？

下面就来介绍一项应用了工具变量的研究。

不少家长担心孩子看电视时间过长。日本厚生劳动省的统计显示，小学六年级学生周一到周五每天约有 2.2 小时、周末每天约有 2.4 小时在电视机前度过。花这么多时间看电视，父母担心也在所难免。

很多人坚信电视会对孩子的成长、健康以及学习能力带来不良影响。美国俗语甚至把电视称作"傻瓜盒子"（idiot box）。

不过，看电视真的会降低孩子的学习能力吗？对这个问题，我们也需要慎重思考看电视与孩子学习能力的关系是因果关系还是相关关系。究竟是"因为看了电视，所以学习能力下降"（因果关系），还是"学习能力低下的孩子看电视时间更长"（相关关系）？

斯坦福大学的马修·根茨科（Matthew Gentzkow）等人研究了这项课题。他们关注了在1948年至1952年期间，美国以解决信号故障为由，对新电视台的执照许可实行了长达4年的冻结令这一历史事件。

20世纪40年代到50年代中期，电视在美国得到普及，越来越多的家庭能够收看电视。然而，随着1948年新电视台执照许可叫停，生活在没有电视台地区的人们直到1952年解除冻结令之前，一直没有电视可看。也就是说，电视台执照许可冻结令分离出了1948年前就能收看电视的家庭（干预组）和在1952年前没能看上电视的家庭（对照组）。根茨科等人的研究发现，在电视普及初期的这段时间，家里有电视的孩子沉迷于电视，平均每天待在电视机前的时间长达3.5小时。

根茨科将"1948年到1952年间是否拥有电视"作为收看电视的工具变量。这一时期是否拥有电视很大程度上取决于调查对象是否居住在1948年前就已经取得执照的电视台的覆盖范围内。换句话说，电视台执照的相关规定明显会对看电视时间产生影响，但又不会直接影响孩子的学习能力，因此可以视作工具变量。

看电视可以提高偏差值

根茨科等人的分析结果出人意料：20世纪40年代至50年代

前期，年幼时经常看电视的孩子在升入小学后的学力测试中，偏差值高出 0.02。此外，也没有发现看电视对做作业的时间、升学志愿等方面产生不良影响。分析还指出，在英语不是母语，或者母亲学历较低，或者非白人人种的孩子当中，看电视还对成绩提高产生了显著效果。

根茨科等人认为，很多家长之所以不愿意让孩子看电视，或许是考虑到看电视会让孩子处于被动状态，夺走他们绘画或者运动的机会。确实，在拥有很多类似活动选项的富裕家庭里，电视的正面因果效应会很小，有时甚至会转化为负面效应。不过虽说如此，鉴于也有研究强调电视对贫困家庭孩子的积极影响，根茨科等人呼吁政府和教育人士不要毫无根据地大肆宣传电视的负面影响。

"母亲的学历"与"孩子的健康"是因果关系吗？

哥伦比亚大学的珍妮特·克里（Janet Currie）等人的研究也应用了工具变量法。经济学家克里曾通过多项研究证实幼年时孩子的健康状况会对长大后的学历及收入产生显著影响。而她接下来试图论证的是"幼年时孩子的健康状况取决于什么"。

克里认为母亲学历高或许会对孩子的健康状况产生积极影响，于是采用美国两百多万名母亲的数据进行了研究。

母亲学历高真的对孩子健康状况有好处吗？回答这个问题同样需要慎重思考母亲的学历和孩子的健康之间是因果关系还是相关关系。究竟是"因为母亲学历高，所以孩子很健康"（因果关系），还是"能获得高学历的母亲的孩子很健康"（相关关系）呢？

克里等人采用"17岁时的家庭居住地到大学的距离"作为工具变量。17岁时的家庭居住地附近有没有大学会影响上学或寄宿的费用，进而影响到是否要考大学的决策。克里等人的数据显示，17岁时的家庭居住地附近每多一所大学，该地区女性的大学升学率就会增长19%。此外，17岁时的家庭居住地到大学的距离不会直接影响多年后出生的孩子的健康状况，因此可以视作工具变量。

母亲上过大学，孩子更健康

克里等人的研究显示，本科以上高学历的母亲生育早产儿或低出生体重儿的概率更低，婴儿出生时的健康状况更好。究其原因，本科以上高学历母亲在怀孕期间吸烟的概率较低，接受产检的概率也更高。也就是说，上大学使她们养成了利于孩子健康的好习惯。

克里等人的研究让人们关注到教育带来的好处。芝加哥大学的迈克尔·格林斯通（Michael Greenstone）等人通过研究发现，股票、债券等金融投资所能获得的平均收益远不及上大学所能获得的收益，人们很难找到比让自己接受高等教育更有利的投资项目。此外，根据克里等人的研究，教育不仅对受教育者本人有益，下一代也会从中受益。可以说，对社会来说，教育是回报最高的投资之一。

第 5 章的关键词

工具变量法

该方法利用"只能通过影响原因而间接影响结果"的工具变量，使受到干预的组（干预组）和不受干预的组（对照组）形成可比较的状态。不过，这种方法只有在满足两个前提条件时才能发挥作用。第一个条件是，工具变量会影响原因，但不会直接影响结果。第二个条件是，不存在同时影响工具变量和结果的第四变量。

COLUMN 5 增加女性管理层成员能促进企业成长吗?

2016年,安倍内阁出台"女性活跃推进法"。这项法案作为成长战略的一环,为女性管理者的比例设置了数据目标。按照这个规定,企业和地方政府必须制订并公开实现女性管理者比例目标的行动计划。某项调查结果显示,女性董事人数较多的企业业绩更好(图表5-4),至于二者之间是因果关系还是相关关系,还有待更严谨的论证。

图表 5-4　女性董事人数多的企业业绩更好吗?

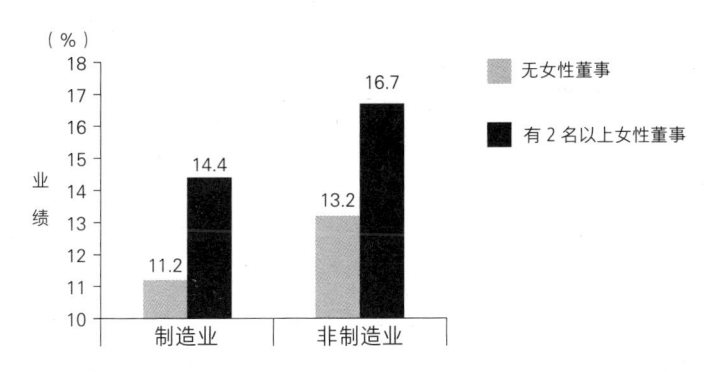

业绩(%)	制造业	非制造业
无女性董事	11.2	13.2
有2名以上女性董事	14.4	16.7

(注)企业业绩用经常性ROE(净资产回报率,Return On Equity)衡量。该指标体现企业的盈利能力,由经常利润除以资产净值得出。
(数据来源)日兴财务智囊机构《2014年度产业经济研究外包项目(关于企业女性活跃及发展促进情况的调查)报告》。

挪威曾出台过一项很有冲击力的法案:企业必须在2008年前将女性董事的比例提高至40%,否则将面临解散。南加州大学的肯尼斯·R. 埃亨（Kenneth R. Ahern）等人利用这一事件分析了女性董事比例与企业价值之间是否存在因果关系。[①] 结果如图表 5-5 所示，在这项法案开始实施的 2003 年，挪威上市公司的女性董事比例不足 10%，而且各企业之间差距也很大。

图表 5-5　迅速增加的女性董事人数
——挪威企业的女性董事比例

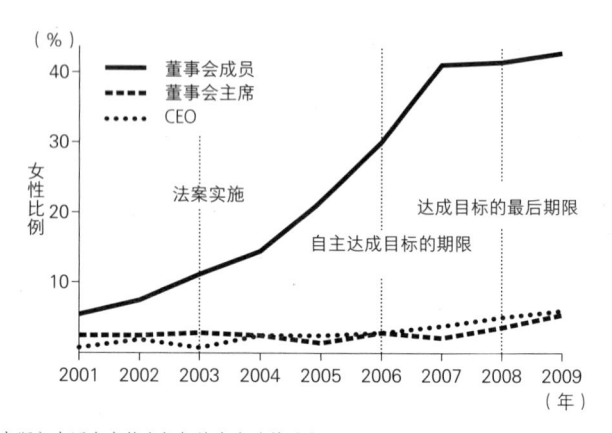

（数据来源）本图表由笔者根据埃亨和迪特马尔（Ahern and Dittmar）的研究（2012）制成。

得知这一情况后，埃亨等人决定将"法案实施前各企业的女性董事比例"作为工具变量。简单来说，法案实施前女性董事比例已经很高的企业在法案实施后，不难完成将比例提高至 40% 的目标，因此在 2003 年到 2008 年间，女性董事人数应该不会显著

[①] 埃亨等人用"托宾 Q 值"作为代表企业价值的变量，通过负债和股价的市值之和除以资产市值求得。

增加。相比之下，法案实施前女性董事比例较低的企业则会在同一时期迅速增加女性董事的人数。这样一来，"法案实施前的女性董事比例"会对 2003 年到 2008 年间各企业的女性董事人数增长率产生影响，而且，该变量应该不会对目前的企业价值产生直接影响，因此可以视作工具变量。

埃亨等人得出的结果出乎意料：女性董事比例的提高会降低企业价值。具体来说，女性董事比例每增加 10%，企业价值会减少 12.4%。强制设定女性董事比例的数值目标，会大幅降低企业价值，使股东担负相应的成本。

为什么会这样呢？深入调查发现，这一期间就任董事的女性大多比原有董事年轻，没有董事经验，或者多来自其他行业。不仅如此，其中不少人的姓氏和原有董事相同。也就是说，她们很可能是原有董事的妻子或女儿。

为了完成政府制定的女性董事比例目标，很多挪威企业不得不把一些经验尚浅、缺乏管理者素质的女性推上董事职位，以解燃眉之急。这种做法导致了企业价值下降。

为避免误会，在此需要强调，我们介绍这项研究的目的并非反对提高企业中管理层女性成员的比例。公平且多样化的社会理应受到支持。挪威政府制定女性董事比例目标的初衷也是尊重男女就业机会均等的精神，建设更加公平的社会。

但是，仅通过制定硬性指标来增加女性管理层成员，以达到鼓励女性参与管理、提高企业价值的目的，有时反而会适得其反。

挪威的事例已成为他国可资借鉴的教训。[1]

日本正在推行的女性活跃推进政策也应避免单纯制定数字目标的做法，而应通过提高工作形式的灵活性、构建没有性别歧视的公平的考核及待遇制度等措施，打造女性管理者自然增加的工作环境。

---

[1] 在管理学领域，人才多元化分为女性、外国人等可以根据外表判断的"特征型"人才多元化，和注重实际工作能力和经验的"工作型"人才多元化。一项综合了以往研究的元分析显示，对提高企业价值具有重要意义的是后者，即工作型人才多元化。

第 6 章

和学霸做朋友,学习能力会提高吗?

关注跳跃的断点回归设计

利用"49 人店铺"与"50 人店铺"的差异

本章将介绍"断点回归设计"。让我们继续以珠宝店为例。就职于珠宝店的你还在为如何论证广告的效果而一筹莫展。这时,下属向你提出了一个方案:只有员工人数 50 人以上(含 50 人)的大型店铺才在年底圣诞季商战期间投放广告。

对此,你产生了一个想法:按照这个方案,员工人数 49 人的店铺不投放广告,而 50 人的店铺投放广告。不过,49 人的店铺和 50 人的店铺除了是否投放广告之外,应该没有其他特别显著的差异。这样的话,只要比较 49 人店铺和 50 人店铺的销售额,不就可以明确广告对销售额的因果效应吗?其实,采用"断点回归设计"就能实现这个想法。

图表 6-1 体现了员工人数和各店铺销售额的关系。当然,销售额和员工人数呈正比趋势。按照下属的方案,只有员工人数 50 人以上(含 50 人)的店铺在圣诞季投放广告。这种情况下,"员工人数 50 人以上(含 50 人)"这个条件是一个没有什么特殊理由、任意设置的数值(我们称其为"断点")。和你想象的一样,断点(员工人数 50 人)上下的店铺销售额确实没有显著差异。即员工人数刚满 50 人并因此能够投放广告的店铺(干预组)和员工人数差那么一点不到 50 人并因此

未能投放广告的店铺（对照组）可以视作可比较的组。

图表 6-1　断点前后出现"跳跃"
　　　　　——断点回归设计的事例

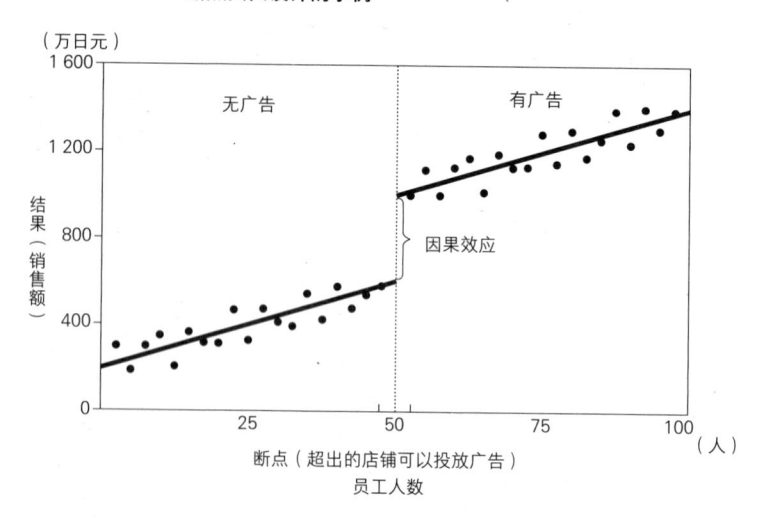

（万日元）纵轴：结果（销售额），从 0 到 1 600
横轴：员工人数，从 0 到 100，断点在 50（超出的店铺可以投放广告）
左侧"无广告"，右侧"有广告"，断点处标注"因果效应"

从图表 6-1 可以发现，销售额在断点处出现了大幅"跳跃"。断点出现的"跳跃"是投放广告导致的，因此，"跳跃"的幅度即可视为投放广告对销售额带来的因果效应。

断点回归设计成立的前提条件

用断点回归设计推算因果效应，必须满足一个重要的前提条件：在连续变量的断点附近，没有发生过影响结果的其他事件。比如，假设员工人数 50 人以上（含 50 人）的店铺不仅可以投放广告，还会根据销售额发放奖金。在这种情况下，就无法判断断点的"跳跃"是广告的效果还是奖金的效果了。

"朋友的学力"与"自己的学力"是因果关系吗？

下面介绍几项应用断点回归设计的研究成果。每当备考季节临近，总有不少家长祈祷自家孩子能够超常发挥，考入偏差值高的学校。他们可能认为在偏差值高的学校就读的肯定都是学习能力强的学生，即使自家孩子的实力可能稍有不足，但能和学霸朋友们一起学习，孩子的学习能力自然也会随之提高。可能正因为他们的这种想法，"学生学习能力高"的学校附近房价和地价才会连年攀升吧。

经济学领域将朋友给予的影响称为"同群效应"。家长们的想法相当于认为同群效应会给自家孩子的学习能力带来积极影响。然而，这一观点有待严谨的论证。到底是"因为和学霸做了朋友，所以自己的学习能力提高了"（因果关系），还是"学习能力强的孩子更愿意与学霸做朋友"（相关关系）呢？

麻省理工学院的安格瑞斯特（Joshua Angrist）等人研究了这一课题。波士顿和纽约各有三所特殊的公立高中，专门面向备考大学的学生。不过，这些学校和日本一样，也有入学考试，只有合格者才能入学，即所谓的"精英高中"。

在精英高中的入学考试中落榜的学生只能去上其他公立高中。和通过入学考试选拔优秀生源的精英高中相比，其他公立学校的学生平均学习能力自然要低得多。

安格瑞斯特等人认为，勉强通过合格线考入精英高中的学生（干预组）和差那么一点没到合格线只得去上其他高中的学生（对照组）属于可比较组。他们试图利用这种情况，将合格分数作为断点值，运用断点回归设计论证和学习能力强的朋友一起度过高中生活能否对学生的学习能力产生因果效应。

和学霸在一起，也无法提高自己的学习能力

安格瑞斯特等人的研究结果显示，在波士顿和纽约的所有学校，断点前后并未观测到学习能力的"跳跃"现象。

关于"同群效应"是否存在尚无定论，但也有不少探讨和学习能力强的人做朋友对学习能力的因果效应的研究得出了和安格瑞斯特等人相同的结论。

例如，美国全国经济研究局（NBER）的杰弗里·克林（Jeffrey R. Kling）等人对美国政府实施的一项大型随机对照试验"希望迁移计划（Moving to Opportunity）"进行了研究。这项计划从贫困家庭中随机抽选一些家庭，向入选家庭发放能够搬迁到贫困率较低区域的优惠券。

入选家庭的孩子们在搬迁到新家后，会和比自己学习能力强

的朋友们一起度过校园生活。但是，他们和继续生活在原来地区的落选家庭的孩子们的学习能力差异在统计学上并不具有显著性。

很遗憾，现实辜负了众多家长的期望，和学霸一起度过高中生活对自家孩子的学习能力几乎不会产生任何影响。这个结果或许说明，不应该过分期待周围人的影响而忽略了提高自己的实力。

"医疗费用自付比例"与"死亡率"是因果关系吗？

再来介绍一项应用了断点回归设计的研究。在第 2 章中，我们探讨了医疗费用自付比例的问题。一些观点建议通过提高自付比例来控制医疗费用的增加，也有人担忧这样做会迫使老年人减少就医次数，对其健康状况造成不利影响。针对这个课题，加拿大西蒙弗雷泽大学的重冈仁利用日本的数据进行了研究。

重冈着眼于日本老年人在年满 70 岁以后医疗费用自付比例从 30% 降至 10% 的制度，将 70 岁作为断点值，试图研究断点前后老年人在健康状况及医疗服务使用频率上的变化。[①] 也就是说，他认为 70 岁 0 个月的人（干预组）和 69 岁 11 个月的人（对照组）属于可比较组。

---

① 2017 年 2 月的政策为 70～74 岁老年人的医疗费用自付比例为 20%，75 岁以上为自付 10%。该研究所使用的数据在统计时的政策为 70 岁以上自付 10%。

第 2 章介绍的兰德健康保险实验（参考正文第 36 页）得出的结论是，提高自付比例对健康状况没有影响。然而在美国，由于人们年满 65 岁就会自动加入国家公共医疗保险（联邦医疗保险，Medicare），所以兰德健康保险实验中未包括 65 岁以上的老年人。重冈这项研究的卓越之处在于，对兰德健康保险实验未能覆盖到的老年人群体自付比例与健康和死亡率之间的因果关系做了论证。

提高老年人医疗费用的自付比例对死亡率没有影响

重冈的研究结果显示，老年人的自付比例下降后，门诊就医患者数量增加了 10.3%。（见图表 6-2）也就是说，在断点值 70 岁前后观测到了门诊就医患者数量和住院患者数量的"跳跃"。[1] 特别是膝盖疼痛等关节痛患者的数量增长十分明显。

那么，自付比例的降低对健康和死亡率造成了怎样的影响呢？重冈得出的结论出人意料。如图表 6-3 所示，在断点值 70 岁前后，并未观测到死亡率的"跳跃"。也就是说，即使自付比例降低，就医或住院频率增高，死亡率也没有发生变化。不仅如此，在调查中回答身心健康以及自我健康状况良好的受访者的比例也未出现

---

[1] 该研究发现，医疗费用自付比例增加 10%，患者对医疗服务的需求就会下降约 2%。这一需求变化与前文中兰德健康保险实验得出的结果几乎相同。

图表 6-2　门诊就医患者人数随自付比例的降低而增加

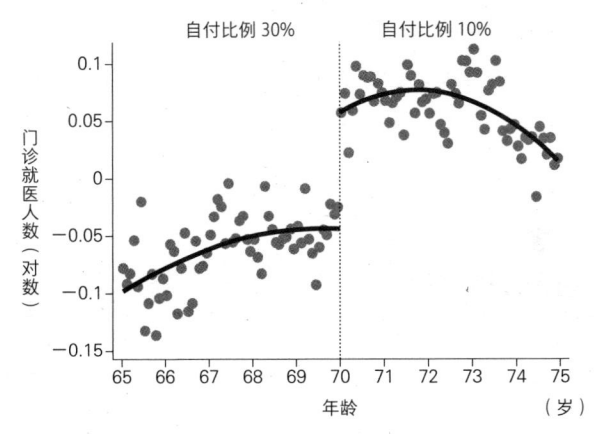

（数据来源）重冈（2014）

图表 6-3　改变自付比例，死亡率不变

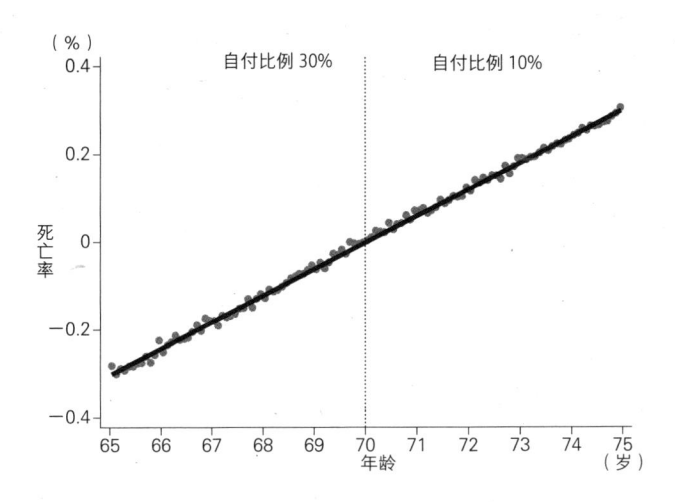

（数据来源）重冈（2014）

"跳跃"。

这说明，医疗费用自付比例降低后，虽然老年人去医院的次数变多了，但这对他们的死亡率和健康状况并不会产生影响。这项研究有望为医疗制度改革铺路，在不损害老年人健康的前提下削减医疗支出。[1]

第 6 章的关键词

断点回归设计

断点回归设计是利用任意决定的断点值两侧自然成为干预组与对照组的情况，推算因果效应的方法。断点回归设计成立的前提条件是断点值周围没有发生影响结果的其他事件。

---

[1] 需要注意的一点是，由于重冈的研究只讨论了短期的死亡率，所以尚不清楚改变医疗费用自付比例是否会对老年人的长期健康状况产生影响。尤其是正如兰德健康保险实验显示的，对贫困人群来说，自付比例的提高可能会对健康状况产生不利影响。

COLUMN 6 "激素替代疗法"的陷阱

前面曾提到随机对照试验的证据等级比较高。下面就来介绍一项研究，它用随机对照试验完全逆转了用观测数据得出的结论，也因此而让"激素替代疗法"受到了广泛关注。

众所周知，女性患心肌梗死等动脉硬化导致的疾病的风险要低于男性。但女性绝经后，患心肌梗死的概率会增至和男性同等的水平。因此有假说推测是雌激素降低了动脉硬化的风险。

于是人们开始通过"激素替代疗法"，为绝经后的女性补充雌激素，试图由此降低心肌梗死的患病风险。针对激素替代疗法的初期研究（使用观测数据的研究）均得出了相同结论：持续接受激素替代疗法的患者患心肌梗死的风险更低。激素替代疗法不仅能够预防心肌梗死，还具有缓解更年期症状的功效，因此受到重视健康的女性的广泛支持。

20世纪90年代后期，为了重新确认激素替代疗法的效果，人们进行了一次随机对照试验，将已绝经的女性随机分成接受激素替代治疗组（干预组）和不接受治疗组（对照组），进行了比较。

该随机对照试验得出了令人意想不到的结果。在实验开始了5年之后的2002年，人们发现接受了激素替代治疗的女性比未接受该治疗的女性乳腺癌发病率更高，且这一差异在统计学上具有显著性。该项使用激素替代疗法的研究由于会对受试者的健康带来危害，所以很快就被叫停。

即便如此，仍然有很多人期待该疗法能够降低心肌梗死的患病风险。然而，之后的分析发现，接受了激素替代治疗的女性患心肌梗死的风险反而更高。（见图表6-4）

图表6-4　随机对照试验和观测研究的结果完全相悖
——激素疗法与心肌梗死的关系

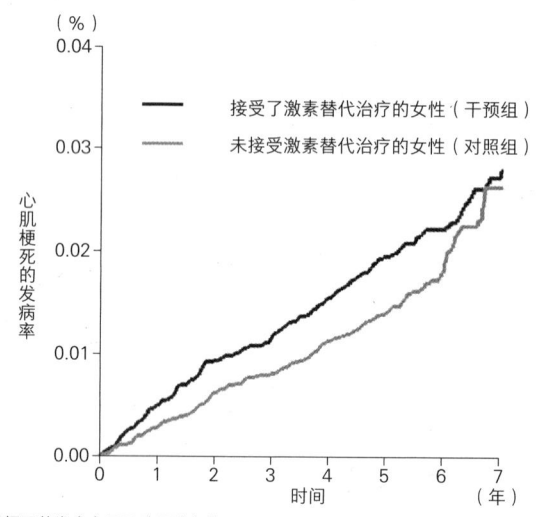

（注）心肌梗死的发病率用累计风险率体现。
（数据来源）J. E. 曼森（J. E. Manson）等（2003）。

那么为什么会出现这种情况呢？因为当年接受激素替代治疗的主要是教育或收入水平较高的女性，她们原本就很注重健康、饮食、运动等日常生活习惯，因此她们患心肌梗死的风险本来就比较低。随机对照试验之前的分析可能没有讨论诸如"对健康的关注程度"等混杂因素，从而误把伪相关当作了因果关系。这个事例使人们再次意识到随机对照试验在因果推理中的重要性。

第 7 章

上好大学收入就会更高吗？

组合相似个体的匹配法

找出相似的店铺

本章介绍最后一种准实验方法——"匹配法"。我们依旧用珠宝店的事例来思考。假设你还在为投放广告的店铺和不投放广告的店铺不可比较一事发愁。

这时,你突然产生了一个想法。你所在的珠宝店目前共有100家店铺。其中30家投放了广告,70家未投放广告。从未投放广告的70家店铺中,选出和投放广告的30家店铺情况相似的30家店铺,将二者进行比较不就好了吗?这便是匹配法的思路。

所谓匹配法,即从对照组中选出和干预组非常接近的配对,使两组成为可比较组的方法。

如第5章所述,投放广告与否很大程度上取决于各店铺店长的判断。投放广告的店铺,店长大多年纪比较大,从业时间更长。假设他们在其他方面没有明显差异。因此,投放广告的30家店铺的店长平均年龄是50岁,而不投放广告的店铺,店长平均年龄是30岁。

假设某家投放广告店铺的店长现年45岁。按照匹配法的思路,先从未投放广告的店铺中选出店长同为45岁的店铺进行匹配。假设另一家投放广告店铺的店长现年55岁,那么就用相同的方法选出店长同为55岁的无广告投放店铺进行匹配。这样一来,最终便可以形成店长平均年龄均为 50 岁的干预组和对照组，这两个组为可比较组。（见图表 7-1）这种情况下，相当于店长"年龄"的变量称为"协变量"①。

图表 7-1　找出相似个体的"匹配法"

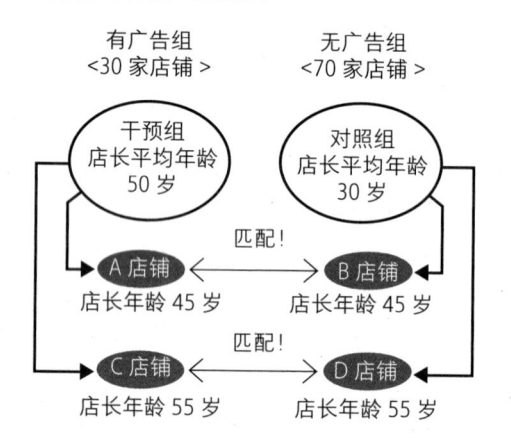

```
       有广告组              无广告组
      <30 家店铺>            <70 家店铺>

       干预组                 对照组
     店长平均年龄           店长平均年龄
       50 岁                  30 岁

                    匹配！
       A 店铺  ←————————→  B 店铺
    店长年龄 45 岁         店长年龄 45 岁

                    匹配！
       C 店铺  ←————————→  D 店铺
    店长年龄 55 岁         店长年龄 55 岁
```

整合多个协变量的"倾向得分匹配法"

协变量未必只有一个。如果只考虑店长年龄相同的店铺，那么从对照组中找到符合这个条件的店铺进行匹配并不难。然而，如果存在多个协变量，恐怕就不一定能从对照组中找到所有条件

---

① 也许有些读者想不通协变量和混杂因素有何区别。协变量指原因与结果以外的所有其他变量。比如在现有数据中，除了原因和结果的变量，其他所有变量都是协变量。而混杂因素是这些协变量中"同时影响原因与结果的变量"。也就是说，协变量中包括混杂因素，也包括非混杂因素。

都完全一样的店铺了。

这种情况下，我们可以使用匹配法中的"倾向得分匹配法"（Propensity Score Matching）。"倾向得分匹配法"将多个协变量整合成一个得分，用这个得分进行匹配。倾向得分指"分入干预组的概率"。例如，考虑多个协变量后，如果某店铺投放广告的概率为50%，则该店铺的倾向得分就是0.5；如果某店铺投放广告的概率为30%，则该店铺的倾向得分为0.3。

如果投放广告的店铺（干预组）中有某店铺倾向得分为0.5，那么就从未投放广告的店铺（对照组）中选出倾向得分同为0.5的店铺进行匹配；如果某店铺倾向得分为0.3，那么就从对照组选出得分同为0.3的店铺进行匹配。对采用这种方法最终形成的两个组进行比较，可以发现用于计算倾向得分的所有协变量（平均之后）在两个组具有相同的值。

为了便于读者理解倾向得分匹配法的整体概念，下面就用笔者自制的数据来推算广告对销售额的因果效应。假设影响销售额的因素包括店长年龄、店铺所在地区的人口以及店铺所在地区的人均收入（"店长年龄""地区人口"和"地区人均收入"等3个变量为协变量）。

来看图表7-2。如果只看这一张表，似乎不投放广告的店铺的销售额反而更高。不过事实是否真是这样呢？你所在的珠宝店不应该投放广告吗？

图表 7-2　无法对"协变量"各不相同的两个组进行比较

		有广告 （30 家店铺 / 干预组）	无广告 （70 家店铺 / 对照组）
协变量	店长年龄	50 岁	30 岁
	地区人口	30 万人	100 万人
	地区人均收入	450 万日元	650 万日元
结果	销售额	1 000 万日元	1 400 万日元

显然，投放广告的干预组和未投放广告的对照组不是可比较组。投放广告的店铺店长年龄比较大，也许是公司特意把经验丰富的店长派到了销售额较低的地区。如果单纯从有无投放广告的角度对销售额进行比较，很可能得出广告对销售额具有负面效果的错误结论。

这种情况就正好可以用到倾向得分匹配法。用店长年龄、地区人口、地区人均收入这三个协变量计算出倾向得分。然后，从干预组和对照组中依次找到倾向得分相近的店铺进行匹配。这样便可以得到干预组的 30 家店铺和对照组的 30 家店铺。

来看图表 7-3。这是进行倾向得分匹配后的干预组和对照组的对比。匹配之后，只要协变量的分布一致（经济学家们将这种现象称为"协变量达到平衡"），我们就可以说这两个组是可比较的。

图表 7-3　利用倾向得分匹配法使"协变量"达到平衡

		有广告 （30家店铺/干预组）	无广告 （30家店铺/对照组）
协变量	店长年龄	48岁	47岁
	地区人口	40万人	41万人
	地区人均收入	460万日元	450万日元
结果	销售额	1 200万日元	1 000万日元

200万日元的因果效应

达到了这个状态，我们才可以说构造出了两个可比较组：考虑多种属性，两家店铺投放广告的可能性相同，只是碰巧其中一家投放了广告，而另一家没投放广告。也就是说，这种情况下，对照组才能代表"如果干预组没有投放广告"的反事实，我们也才能明确干预组和对照组的销售额差异200万日元（1 200万日元 -1 000万日元）是广告带来的因果效应。

倾向得分匹配法成立的前提条件

倾向得分匹配法成立必须满足两个前提条件。第一个前提条件是，所有会影响结果的协变量均为可转化成数值的数据。有些情况下也会存在无法转化成数值的协变量[1]。在珠宝店的例子中，

---

[1] "无法转化成数值的协变量"包括原本就未测量的变量和测量过但因某些原因未能掌握的变量等。也就是说，其中也包括本来可以转化成数值，但由于某些原因无法以数值化数据的形式运用于分析的协变量。

"附近居民对冠婚葬祭仪式的重视程度"即属于这种协变量。如果人们对冠婚葬祭仪式的重视程度高，他们在珠宝店的消费一般也会更多，不过这种变量通常很难转化为数值。

第二个前提条件是所有协变量都必须用来计算倾向得分。

"大学偏差值"与"收入"是因果关系吗？

下面介绍普林斯顿大学的克鲁格等人撰写的两篇论文，是运用匹配法进行的出色研究。

日本被称为学历社会，但即使都是大学毕业生，之后的人生也并不会相同。一桥大学的神林龙等人的研究显示，20世纪90年代大学毕业生和高中毕业生的工资差距并未拉大，但大学毕业生之间的工资差距却有所增加。

那么同为大学毕业生，上了偏差值高的大学，将来的收入就会更高吗？[1]对此也需要慎重思考。是"因为上了偏差值高的大学，所以收入更高"（因果关系），抑或只是"潜在能力强、以后会进入高收入职业的人选择了偏差值高的大学"（相关关系）呢？

克鲁格等人尝试用匹配法解答这个问题。首先需要介绍的

---

[1] 美国没有"偏差值"的概念，人们普遍接受的是被称为"SAT"的学术水平测验考试。SAT相当于可以多次参加的中心考试（即日本的全国统一大学入学考试），录取难度越高的大学要求的SAT得分也越高。因此，这些研究使用的是美国版"偏差值"，即各所大学录取学生的SAT平均分。

是，美国的大学入学考试和日本略有不同。日本的大学入学考试以笔试为主，而美国除了笔试成绩，还会综合考察高中成绩、教师推荐信、报考理由等因素进行选拔。

克鲁格等人采用每名考生"考上的大学和未考上的大学"进行了匹配。例如假设有两名考生考上了 A 大学和 B 大学，但没有考上 C 大学。他们考上和没考上的大学均相同，因此至少从用于判定大学入学考试合格与否的信息（高中成绩、教师推荐信、报考理由等）来看，二人是可比较的。[①]

然后比较二人考上的两所大学，大学 A 的偏差值要比大学 B 更高。假设其中一人选择就读大学 A，而另一人选择了专业对自己更有吸引力的位于当地的大学 B。那么只要对这两个人进行比较，就能推算出就读偏差值高的大学对未来收入的因果效应。

上偏差值高的大学，收入也不会增长

匹配法的分析结果出乎意料。在考上某大学且就读于该大学的学生组（干预组）和同样考上该大学但最终选择了偏差值较低的其他大学的学生组（对照组）之间，毕业后的工资差异在统计

[①] 克鲁格等人的研究的卓越之处在于，采用大学录取情况进行匹配，对以往倾向得分匹配法无法充分处理的"无法转化成数值的协变量"也做了处理。大学在考虑是否录取一名考生时，很可能会根据教师推荐信和报考理由等来考察学生的学习动力或潜力等无法转化成数值的信息。而使用录取情况进行匹配，则可以将原本无法转化成数值的协变量一同纳入考察范围。

学上不具有显著性。不少人相信就读偏差值高的大学便能获得更好的收入，而就克鲁格等人的研究结果来看，这种因果关系实际上并不存在。不过，该结论不适用于非裔美国人等少数群体以及父母受教育程度均不到大学水平的贫困家庭。对此，克鲁格等人给出的解释是：在偏差值高的大学建立的人际社交网络或许会有利于少数人种群体或贫困阶层的发展。

克鲁格等人的研究运用了匹配法，此外也有运用倾向得分匹配法进行的研究。芝加哥大学的丹·布莱克（Dan Black）等人采用美国的数据推算了大学偏差值对未来收入的因果效应。

布莱克等人计算倾向得分时列出的协变量包括年龄、人种、出生地、学力测试的成绩、毕业高中的规模、毕业高中的教师素质、父母的学历和职业、童年有无订阅报纸或在图书馆借阅的经历等。用倾向得分匹配法进行匹配之后，他们得出了和克鲁格等人相同的结论：就读于高偏差值大学的组（干预组）与就读于低偏差值大学的组（对照组）毕业后的收入差异在统计学上不具有显著性。

正如克鲁格等人所说，"并非对所有学生来说，就读于偏差值高的大学都意味着未来收入最大化"，"世界上没有任何一所大学能够保证毕业生将来会获得更高的收入"。

不仅如此，克鲁格等人在论文中还援引了明尼苏达州诺斯菲尔德的名门私立大学嘉尔顿大学校长斯蒂芬·R. 刘易斯（Stephen

R. Lewis）的话。被问及如何看待大学排名时，刘易斯答道："问题不在于哪所大学是最棒的，而在于对谁来说是最棒的。"这句话可谓概括了这一系列研究的结论。

第 7 章的关键词

匹配法

该方法运用能够影响结果的协变量，从对照组中选出和干预组相似的样本进行匹配，并对两个组进行比较。存在多个协变量时，也可以将它们整合成一个得分进行匹配（倾向得分匹配法）。匹配法成立的条件是影响结果的所有协变量均可观测。

COLUMN 7　商务版随机对照试验"A/B 测试"

随机对照试验在商业领域也逐渐得到了广泛应用。"A/B 测试"就属于这种情况。

让我们再回到珠宝店的事例。热销产品的首饰盒现有两款候选设计 A 和 B，你在犹豫应该选用哪一款。一名销售员断定设计 A 更符合公司的风格，另一名销售员则说其他公司的畅销产品都与设计 B 很像。即使选择了设计 A 的首饰盒，可能你也会情不自禁地想象反事实的情况：如果用了设计 B 会怎样（反之亦然）。

在这种情况下可以采用"A/B 测试"。将所有店铺随机分成两组，一半店铺使用首饰盒 A，余下的店铺使用首饰盒 B。一段时间之后，再把销量更好的店铺所用的首饰盒推广到所有店铺即可。

A/B 测试最常见的应用领域是购物网站。或许有人曾经注意到，即使是同一商品，不同地区或不同用户看到的图片、宣传图、宣传语等可能不尽相同。这种情况正是企业在进行 A/B 测试。

南非一家名为 Credit Indemnity 的金融机构所做的 A/B 测试，结果十分耐人寻味。这家金融机构向大约 5 万名客户随机发放了直邮广告。这些直邮广告的内容有多种不同形式，有些贷款方案比较详尽，有些则比较简略；有些广告中附有照片，有些没有照片。

其目的在于调查直邮广告的内容对贷款申请数量会产生多大程度的影响。

结果发现，附有性感女郎照片的直邮广告具有促进男性客户申请贷款的功效。此外，只印有 1 个贷款金额和还款方案的直邮广告比写有 4 个方案的广告收到的申请更多。也就是说，越简洁、信息量越少的直邮广告，增加客户的效果反而越显著。这或许说明直观、简明易懂、让人看到就能马上做出答复的广告，效果会更好。

第 8 章

便于分析现有数据的回归分析

假如现有数据都不适合用来评估因果关系……

　　就职于珠宝店的你盯着面前的数据。公司在一本半年前创刊的杂志上投放广告，今天你收到了投放广告后的销售数据。领导让你根据这些数据分析下一季度是否应该继续在该杂志上投放广告。然而遗憾的是，该杂志创刊没多久，无法用断点回归法、双重差分法等准实验方法进行分析。

　　当然，运用随机对照试验或准实验进行分析，正确评估因果效应的可能性会更大。然而，在实际工作和生活中，绝大部分数据只是对经济活动结果的记录，并非以分析为目的而收集的（多数"大数据"都是这样）。遇到这种情况，随机对照试验或准实验大多没有用武之地。

　　要不知难而退，告诉领导"从这些数据中看不出广告的效果"？恐怕没有几个人敢这么做。有时候就算无法做出全面分析，也必须得出一些结论。

　　那么像这样，我们掌握一些数据，但又不适合用来评估因果关系时，应该怎么办呢？

　　这种时候就要用到"回归分析"。关于这种分析方法，市面上可以找到很多专业书籍，因此这里不再赘述，只简单地介绍一下其精髓部分。

回归分析分为两种：一元回归分析和多元回归分析。一元回归分析是评估两个变量之间的关系的方法。但如果存在混杂因素，这种方法无法排除混杂因素的影响。

相比之下，多元回归分析可以排除混杂因素的影响，并在此基础上评估原因与结果的关系。假如我们掌握所有混杂因素的数据（不过这种情况极为罕见），用多元回归分析也完全能够证明因果关系。

画一条表示数据的"回归线"

下面先用一元回归分析介绍回归分析的基本概念。假设有4个数据如图表8-1所示，每个数据都代表一种原因与结果的组合。你希望能确定这两个变量之间是否存在因果关系。

所谓回归分析，就是在这4个点之间画出一条"回归线"。如果能画出回归线，这条线的"倾斜程度"就代表了每增加一个单位的原因会给结果带来的变化。也就是说，回归线的倾斜程度便是原因对结果的"因果效应"。

下面讲解画回归线的具体方法。首先，在4个点之间大致画一条线。从这条线向各数据点（图表8-1中的方形）垂直画线，测量线到数据点的距离。我们用距离1表示第一个数据点和线之间的距离，用距离2表示第二个数据点和线之间的距离，那么可

图表 8-1 "回归线"示意图

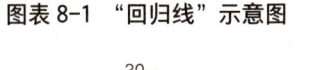

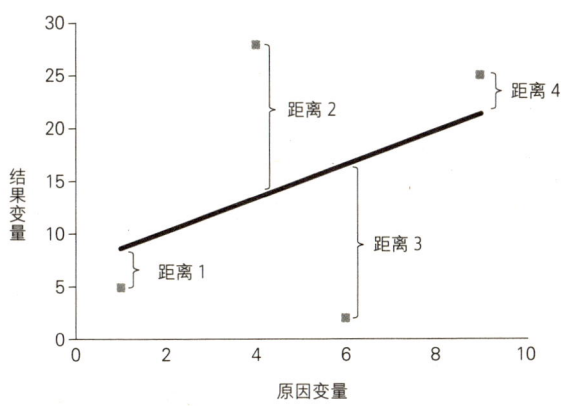

以得到从距离 1 到距离 4 这 4 个点到线的距离。使 4 个距离之和最小的线便是"回归线"。

实际操作中无须手工画线,统计分析软件会帮助我们画出回归线。

用"多元回归分析"排除混杂因素的影响

如果想在一元回归分析中用回归线的倾斜程度代表因果效应,必须满足"不存在混杂因素"的前提条件。然而,现实中很少有情况符合这个条件。多元回归分析则可以排除混杂因素的影响。多元回归分析使混杂因素的值保持固定不变[①],以便我们能

---

① "保持固定不变"也可以叫作"校正""控制"。

够画出表示原因与结果的关系的"回归线",并根据回归线的倾斜程度来评估因果效应。

下面我们以饮酒与肺癌的关系为例进行说明。假设我们现在怀疑饮酒与肺癌之间存在因果关系。因为众所周知,饮酒量越大,患肺癌的风险越高。这里我们需要注意一个问题:存在"吸烟"这个混杂因素。很多喝酒的人也抽烟,而吸烟也是导致肺癌的原因之一。(见图表 8-2)

图表 8-2 "饮酒"与"肺癌"之间存在混杂因素吗?

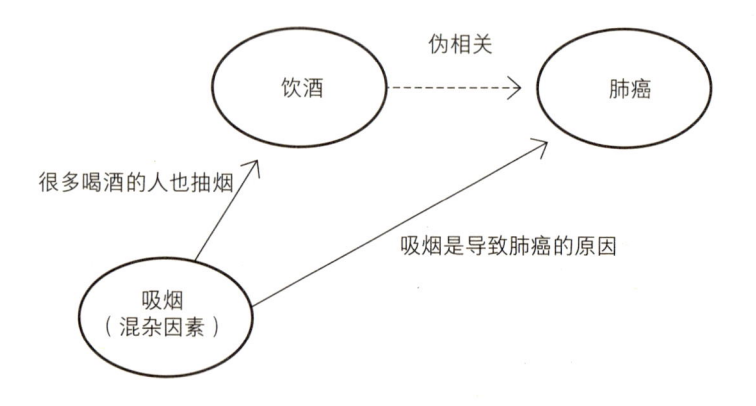

如果采用多元回归分析明确饮酒和肺癌之间是否存在因果关系,则需要在吸烟量相同的人之间比较饮酒量较多的人和饮酒量较少的人,看他们患肺癌的风险是否存在差异。这种做法便是"使吸烟量保持固定不变",使用多元回归分析可以实现这一点。固定的吸烟量可以是 1 日 0 根(不吸烟的人),也可以是 1 日 5 根。

这样就可以在排除了吸烟量这个混杂因素的影响的基础上评估饮酒与肺癌的关系了。①

多元回归分析的具体操作方法可以参阅专业书籍，使用一般的统计分析软件，任何人都能轻松进行多元回归分析。在会上被问及广告的效果时，如果只是单纯地比较目前和去年的数据，把广告与销售额之间的相关关系当作因果关系来看待的话，就有可能会被旁人指出混杂因素的存在，当众出洋相。

而如果能提前收集混杂因素的数据，在排除其影响的基础上再评估原因与结果的关系，无论是领导还是客户，都肯定会更加信任你给出的数字。

---

① 有研究显示，饮酒量处于中等程度及以下时，饮酒与肺癌之间没有关系，但就大量饮酒的人来说，饮酒与肺癌之间可能存在因果关系。也有研究使用日本人的数据，在论文中指出在吸烟者中发现饮酒与肺癌之间存在因果关系，但从整体上来看，这一问题尚未得出结论。

COLUMN 8　因果推理的发展史

经济学及统计学领域的因果推理

因果推理在经济学领域的历史其实并不长。20世纪40年代，挪威奥斯陆大学的经济学者特里夫·哈维默（Trygve Magnus Haavelmo）在论文中使用了与反事实概念相类似的表述，但这一表述从严格意义上来说还算不上对反事实的准确定义。

进入20世纪90年代后，出现了一些较大变化。当时哈佛大学经济学院的著名计量经济学家吉多·因本斯（Guido Imbens）、麻省理工学院的劳动经济学家安格瑞斯特开始和唐纳德·鲁宾（参考正文第14页）合作，将"鲁宾因果模型"引入经济学。[1]

哈佛大学和麻省理工学院都位于美国马萨诸塞州剑桥市，地缘上的接近或许也是促成他们合作的一个原因。鲁宾和因本斯合著的《统计学、社会科学及生物医学领域中的因果推理导论》（*Causal Inference for Statistics and Biomedical Sciences: An*

---

[1]　鲁宾因果模型认为，所有人都有两种"潜在结果"，一种是受到干预后的潜在结果，另一种是未受到干预时的潜在结果。但任何人都只能观测到其中一种结果。实际中受到干预的人无法观测未受到干预时的潜在结果。而实际未干预的人也无法观测到受到干预时的潜在结果。也就是说，鲁宾认为因果推理的根本问题就在于任何人都只能观测到一种潜在结果。

Introduction）以他们多年来在哈佛大学经济学院的课堂讲义为基础撰写而成，2015年出版后旋即被誉为"因果推理"领域最经典的教科书。

因果推理在经济学领域的历史不长是有原因的。因为流行病学和生物统计学可以进行"临床试验"等实验，但是经济学等社会科学领域则很难组织实验。以人类为对象的实验除了资金和伦理方面的问题之外，大多还会伴随政治层面的难题。这些因素使得因果推理一直无法在经济学领域得到普及。

然而，进入21世纪以后，经济学领域出现了一些新动向。芝加哥大学的实验经济学家约翰·A.李斯特（John A. List）以及由发展经济学家们组成的麻省理工学院扶贫实验室（J-PAL）的学者们克服重重障碍，开始进行大规模社会实验。

扶贫实验室堪称"实施随机对照试验"的专业组织，所有研究均采用随机对照试验。他们以"把易受政治风向左右的政策变为有理有据的政策"为目标，成功提高了随机对照试验的地位，使其成为"政策评估的理想方式"。

在经济学中，根据因果推理来评估政策效果的研究领域叫作"政策评估"，近年来该领域正在快速形成体系。

流行病学领域的因果推理

除经济学和统计学之外,因果推理的思维方式在其他学科中也得到了发展。其中之一便是流行病学。如果说"医学"是以个体为对象,研究其患病原因和治疗方法,那么"流行病学"就是要研究集体的患病原因和预防方法。医生、护士等拥有医学背景知识的读者或许对流行病学领域的因果推理更为熟悉。

20世纪90年代中期,犹太裔的美国计算机科学家朱迪亚·珀尔(Judea Pearl)开发了运用有向无环图(DAG)来证明因果关系的方法。后来哈佛大学的詹姆斯·罗宾斯(James Robins)和米格尔·埃尔南(Miguel Hernán)、加州大学洛杉矶分校的桑德·格林兰(Sander Greenland)等人将有向无环图推广到医学及流行病学领域。最终,医学院和公共卫生研究院接纳了这种方法论并将其编入教材。

有向无环图的最大特点是用箭头示意图来体现因果关系。本书中多次出现的用箭头表达因果关系或相关关系的示意图也可算作有向无环图。

由于混杂因素(参考正文第7页)是"同时影响原因和结果的第三变量",如果某一变量的箭头可以同时指向原因和结果,那么这个第三变量便可以视为混杂因素。(见图表8-3)如果确定存在混杂因素,就必须用匹配法或多元回归分析排除其影响,

图表 8-3　必须排除混杂因素的影响

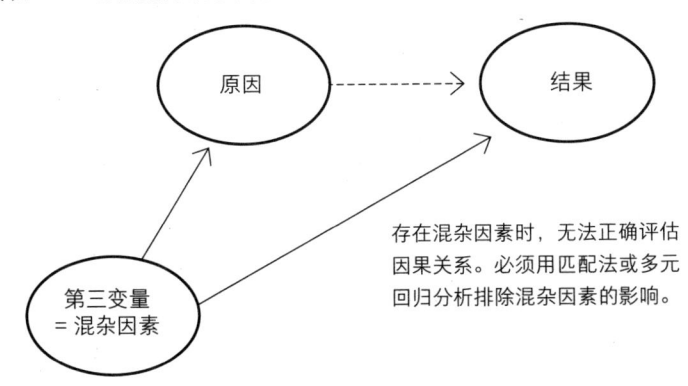

原因 ---> 结果

第三变量 = 混杂因素

存在混杂因素时，无法正确评估因果关系。必须用匹配法或多元回归分析排除混杂因素的影响。

否则无法正确评估因果关系。

　　与此相对，如果箭头的方向相反，是从原因指向第三变量的话，则可以判定该变量不是混杂因素（该变量位于因果关系通道的中间，故名"中间变量"。见图表 8-4）。如果用多元回归分析等方法处理中间变量，则会低估原因原本具有的影响。

图表 8-4　不能排除中间变量的影响

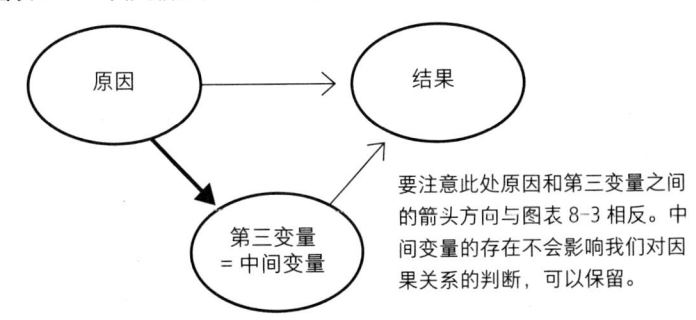

原因 ---> 结果

第三变量 = 中间变量

要注意此处原因和第三变量之间的箭头方向与图表 8-3 相反。中间变量的存在不会影响我们对因果关系的判断，可以保留。

补论 1　了解分析的有效性和局限性

内部效度与外部效度

以上我们学习了因果推理的多种方法。在这个补论中，我们将介绍一下这些方法的"有效性"与"局限性"。先来解释两个用来评价分析结果有效性的概念："内部效度"和"外部效度"。

所谓内部效度，是指两个变量之间的因果关系的确定程度，即对研究对象群体再次施加相同干预后，会出现相同结果的程度；而外部效度则指对研究对象之外的群体施加相同干预后，会出现相同结果的程度。

我们来思考下面这个虚构的事例。假设美国进行的一项随机对照试验证实了以下因果关系：降低血压可以使人们患心肌梗死的风险下降，死亡率也随之下降。随机对照试验的证据等级较高，因此可认为该试验的内部效度也比较高。不过如果这项随机对照试验的对象是美国人，那么对其结果是否适用于日本人，即对该试验的外部效度则需要慎重考量。

通常认为，日本人患脑梗死的概率大于心肌梗死，而美国人患心肌梗死的概率大于脑梗死。为此，血压降低是否能够使日本人患心肌梗死的概率下降，这个课题必须用日本人的数据进行论证。只有当我们针对日本人实施相同研究，并观测到降低血压会使人们患心肌梗死的概率下降的结果时，才能说该因果关系"具有外部效度"。

随机对照试验也有局限性

正如前面提到的，本书介绍的各种方法虽然都是学术上成立的方法，但并非完美无缺。我们只有了解每种方法的局限性，对所得结果的有效性进行充分的探讨，才能得出"两个变量之间是否存在因果关系"这一问题的准确答案。

本书虽然也介绍了多种利用自然实验或准实验根据观测数据判断因果关系的方法，不过就判断因果关系这一点而言，随机对照试验毫无疑问要优于利用观测数据进行的研究。不过，随机对照试验也有以下几点局限性。

首先，实施随机对照试验的成本很高。前文提到"兰德健康保险实验"投入了3亿美元的巨额费用，如此昂贵的社会实验不是任何人都承担得起的。

其次，存在"外部效度"的问题。很多随机对照试验在挑选研究对象时都设有严格的筛选条件，因此无法确定该研究结果是否也适用于其他群体。

第三，很多试验出于伦理方面的考虑无法实施。比如，研究者不能因为想研究吸烟与肺癌的因果关系，就强迫受试者吸烟。

第四，随机对照试验有时无法按计划"随机分组"，导致"随机化失败"。除了分组时会发生这种情况之外,在试验进行过程中,试验对象从对照组转移到干预组也会破坏随机性。

第五,与随机对照试验中得到的效果(efficacy)相比,实际在整个社会实践后产生的实效(effectiveness)可能会变小(该概念与前面介绍的外部效度比较接近,不过鉴于这种方式或许更容易理解,因此分开介绍)。例如,在评估药效的临床实验中,实验对象都是经过严格挑选的。老年人或同时患有多种疾病的人往往被排除在受试者范围之外。然而,如果临床试验证明药物有效,老年人和同时患有多种疾病的人也会使用这种药物,因此实际上的药效会有别于临床试验得出的效果。

综上所述,随机对照试验并非绝对正确,它也有自身的局限性。随机对照试验的证据等级之所以很高,只是因为这种方法可以确保满足第1章介绍的判断因果关系的三个要点:(1)不是纯属巧合;(2)不存在混杂因素;(3)不存在逆向因果关系。反过来说,只要能在充分探讨的基础上确保满足以上三点,利用观测数据的研究也能成为有力证据。

补论 2　因果推理的五个步骤

本节将因果推理总结为五个步骤（图表 5），借此对本书介绍的内容进行系统性的复习。我们继续用广告和销售额的事例来解说。

图表 5　解读因果关系的五个步骤
1. "原因"是什么
2. "结果"是什么
3. 确认三个要点（参考正文第 4 页）
4. 制造反事实
5. 调整到可比较的状态

步骤 1　"原因"是什么

指原因与结果中的"原因"，相当于广告与销售额事例中的"广告"。不过，广告也包括很多内容，比如是指具体的广告费用、投放面积，还是只是指有无投放广告？必须对原因做出明确的定义。

步骤 2　"结果"是什么

指原因与结果中的"结果"，相当于广告与销售额事例中的"销售额"。想统计的是销售收入还是税前利润？结果也需要一个明确的定义。

步骤3　确认三个要点

前文提到过，判断因果关系时需要质疑三个要点：（1）是不是纯属巧合；（2）是否存在混杂因素；（3）是否存在逆向因果关系。

在广告与销售额的事例中，需要仔细分析是否存在能够同时影响广告和销售额的混杂因素。

比如，很可能存在"经济形势较好"等混杂因素。经济形势好的话，投放广告的决策更容易通过，销售额也更容易上涨。如果存在"经济形势较好"的混杂因素，广告与销售额的关系则可能只是伪相关。

步骤4　制造反事实

为了判断广告与销售额之间是否存在因果关系，你的公司需要对投放广告后的销售额和假设未曾投放广告时的销售额进行比较。这里的"假设未曾投放广告"就是"反事实"。例如，如果经济形势好，便可以想象"即使当初没有投放广告，销售额也会增加"，所以广告对销售额的实际效果或许会比我们预想的要小一些。

可是，我们无法得知"假设未曾投放广告"这种反事实中的销售额（毕竟没有时光机），而要评估广告与销售额的因果关系，反事实又是必不可少的要素，因此需要用"最贴切的值"来替换反事实的结果。也就是需要探索其他的可能性，比如能否使用在同一时期未投放广告的竞争对手的销售额数据等。

步骤 5　调整到可比较的状态

用最贴切的值替换反事实的结果的一种有效方法是，通过调整形成"可比较"的组。例如假设在同一时期未投放广告的竞争对手和你的公司是"可比较"的，那么就可以用竞争对手的销售额作为最贴切的值，来替换"假设你的公司未曾投放广告（反事实）时的销售额"。

后 记

2016年1月8日的《华尔街日报》刊登了一篇题为"美国监管机构提示,警惕大数据中潜在的偏差"的报道。其内容是美国联邦贸易委员会向运用大数据分析商业活动的企业发出警告,具有相关关系并不代表存在因果关系。

相信各位读者都能理解这个警告的含义。在美国联邦贸易委员会列举的事例中,企业采用与经济状况或还款记录几乎没有任何关系的变量,对信用风险进行回归分析,预测个人信用风险的高低,并据此决定是否开展业务。这种方法得出的结果很可能只是本书中介绍的"纯属巧合"导致的伪相关(参考正文第5页),然而人们却有可能因为这些结果被剥夺了应得的机会。美国联邦贸易委员会对此敲响了警钟。

在"大数据"成为流行词的当下,数据分析随处可见。然而,数据本身只不过是罗列在一起的数字。"如何解读"数据分析才是关键。误将只呈现出相关关系的数据分析当作因果关系,会导致人们进一步做出错误的判断。

从这个意义上讲,"因果推理"如今已经不再只是笔者等研究人员的"专利",而是所有人为了弄清楚"是否存在因果关系"所必备的素养。

在国外,基于因果推理得出的研究成果正在切实地改变着人们的生活。墨西哥第 54 任总统埃内斯托·塞迪略曾经开展过一项名为"进步计划"(PROGRESA)的扶贫项目,同时通过大规模随机对照试验,对进步计划的效果进行了严格测定。

那么,这样做的目的是什么呢?在每六年一次的总统换届选举之后,扶贫政策的方针都会发生巨大转变。塞迪略总统此举正是为了改变现状,使扶贫政策建立在具有因果关系的证据基础之上,而不再受各时期总统或政党意识形态的左右。如果随机对照试验能够明确证实"进步计划具有减少贫困的效果",那么今后即使换作其他总统或政党执政,进步计划仍然会得到纳税人的支持,继续开展下去(事实上塞迪略总统离任之后,"进步计划"至今仍在继续实施)。

美国也有一个致力于依据证据牵制政策的组织。埃斯特·迪弗洛(Esther Duflo)等新锐经济学家组成的麻省理工学院扶贫实验室是一家专门开展随机对照试验的研究机构,为倡导"将容易受政治风向左右的政策变为建立在证据基础上的政策"而设立。他们的一系列研究正在显著改变着曾经被无稽之谈和传统观念影响的教育、医疗领域的政策制定过程。

本书作者之一的津川亲身经历过这样的情况。在他参加 2014

年 10 月哈佛大学召开的奥巴马医改计划研讨会时，台下一名记者发言称："奥巴马医改实施后保险费用不降反升，我的好几个熟人都为此深感为难。奥巴马医改计划反而把美国的医疗制度改得更糟了。"对此，参与设计奥巴马医改计划的麻省理工学院医疗经济学家乔纳森·格鲁伯（Jonathan Gruber）答道："个人经历的集合既不是数据，也称不上证据。我们通过缜密的数据收集验证了奥巴马医改计划的效果。其结果显示，美国国民的平均保险费用由于奥巴马医改计划的实施而有所下降。也许有些人因为不得不支付更多保险费而蒙受了损失，但是不要被个别现象误导，请用数据来呈现整体的变化。"

医疗费用关系到生命，正因如此，相关话题的讨论容易以个人经历为依据，带上个人情绪。格鲁伯等人的言论提倡不能感情用事，并指出了以数据和证据为依据进行讨论的重要性。

再来看看日本。本书也多次提及在国会所在地永田町霞关针对各种政策展开的讨论，不过遗憾的是，目前政策方面的讨论还很难被视为以具有因果关系的证据为依据。不仅如此，每逢大选临近，政客们便只顾讨论能在短期内吸引选票的政策，他们常常违背之前的承诺，或者突然强行推行没有任何根据的政策，致使纳税人的利益蒙受严重损失。这样的事例不胜枚举。这正是不重视国民的未来、只顾眼前的选举所招致的结果。

每当目睹这种局面，我都会发出感慨：为什么不能摆脱选举、政局等暂时性政治作秀的影响,从长远的角度出发,来考虑如何实现国民的社会福利(幸福)最大化呢?为此,应该像扶贫实验室所宣称的,"把容易受到政治风向左右的政策变为建立在证据基础上的政策"。要实现这个目标,我们每一名国民作为纳税人也必须从"什么政策才具有因果效应"的角度出发,严格审视每项政策。

最后,请允许我向在本书出版过程中给予我莫大支持的人们表示衷心感谢。

实际上,本书从执笔构思至今已经过了两年的时间。学者著作的后记中,常会看到诸如"自开始写书到出版历经了四分之一个世纪""献给如今已故的编辑〇〇先生"等表述,让人感慨光阴荏苒。本书也几乎踏上同样漫长而艰难的道路,好在在编辑的催促与鼓励之下,终于得以付梓。在此对负责本书的钻石社编辑上村晃大先生致以诚挚的谢意。

此外,统计学家兼因果推理专家、庆应义塾大学星野崇宏教授自本书草稿阶段便认真协助校对,并为我提出了很多宝贵建议。东京大学的朝井友纪子助教、一桥大学的神林龙教授、麦克马斯特大学的山口慎太郎副教授、西蒙弗雷泽大学的重冈仁副教授(以上人名按刊登章节顺序排列)欣然同意本书引用并介绍其研究。在此对各位表示感谢。

书中介绍的笔者们的研究属于日本经济产业研究所(RIETI)

的"对医疗及教育质量的测量及其决定因素的分析"（研究负责人：学习院大学乾友彦教授）和"劳动市场制度改革"（研究负责人：庆应义塾大学鹤光太郎教授）项目中的部分内容。以矢野诚所长和森川正之副所长为首的经济产业研究所为我们提供了大力支持，在此表示感谢。另外，科研经费补助基础S"社会障碍的经济理论与实证研究"（研究负责人：东京大学松井彰彦教授）、基础B"关于幼年期所处社会生活环境和学习方法对人力资本积累的影响的分析"（研究负责人：信息安全大学院大学广松毅教授）、基础A"贫困与灾害的教育经济学：如何培养出能够战胜社会不利因素和困难的孩子"（研究负责人：中室牧子）也为本书的编写提供了支援。

感谢庆应义塾大学综合政策学院政策媒体研究科中室研究室的植村理、川崎美波、坂本彩乃、中川舞音、中田知宏、中村真优子、锅泽步、山越梨沙子、吉屋麻里为本书的草稿提出了宝贵建议。

"研究"是一份奇特的工作。无论撰写多少篇论文，在研讨会上做多少场演讲，我们也不会变得更加富有。不过，研究中诞生的观点可以作为公共知识财富，为建设更美好的世界做出贡献。感谢我们的家人对这份工作给予的理解和毫无保留的支持。特别是在本书草稿阶段多次过目并提出建议的代田丰一郎和津川衣林梨，在此向你们致以由衷的感谢。最后需要声明的是，本书虽然是在众多人士的支持下完成的，但书中任何错误均由笔者负责。

"在证据的基础上制定政策"的做法在国外已经扎根,但在教育和医疗领域,无稽之谈和传统观念的影响力依旧很强,想在证据的基础上制定政策绝非易事。为了实现这个目标,我们这些研究者也许要倾尽一生的时间,不断推广这些观点才行。

证据能够体现经济学所信奉的"因果关系",只有通过体系化的"因果推理"才能形成证据。如果这些工具能够对生活在数据泛滥时代的各位读者有所帮助,我们身为作者也会感到欣慰。

2017 年 2 月
中室牧子
津川友介

参考文献

第1章

タイラー・ヴィーゲン　ウェブサイト
（http://tylervigen.com/spurious-correlations）

Vigen, T. (2015) *Spurious Correlations Hardcover*, Hachette Books.

Messerli, F. H. (2012) Chocolate Consumption, Cognitive Function, and Nobel Laureates, *The New England Journal of Medicine*, 367, 1562-1564.

Brickman, A. M., Khan, U. A., Provenzano, F. A., Yeung, L., Suzuki, W., Schroeter, H., Wall, M., Sloan, R. P. and Small, S. A. (2014) Enhancing Dentate Gyrus Function with Dietary Flavanols Improves Cognition in Older Adults, *Nature Neuroscience*, 17 (12), 1798-1803.

Sackett, D. L., Straus, S. E., Richardson, W. S., Rosenberg, W. and Haynes, R. B. (2000). *Evidence-based Medicine: How to Practice and Teach EBM*, Churchill Livingstone, 2 edition.

第2章

Krogsbøll, L. T., Jørgensen, K. J., Grønhøj Larsen, C. and Gøtzsche, P. C. (2012) General Health Checks in Adults for Reducing Morbidity and Mortality from Disease: Cochrane Systematic Review and Meta-analysis, *BMJ*, 345, e7191.

Jørgensen, T., Jacobsen, R. K., Toft, U., Aadahl, M., Glümer, C. and Pisinger, C. (2014) Effect of Screening and Lifestyle Counselling on Incidence of Ischaemic Heart Disease in General Population: Inter99 Randomised Trial, *BMJ*, 348, g3617.

「メタボ健診　システム不備　効果検証、2割しかできず　会計検査院、改修求める」『日本経済新聞』2015年9月5日朝刊、38頁

「日本の医療費は高額　新基準で世界3位―対GDP、OECDまとめ」『日本経済新聞電子版ニュース』2016年8月21日
（http://www.nikkei.com/article/DGXLASFS18H1I_Y6A810C1SHA000/）

Manning, W. G., Newhouse, J. P., Duan, N., Keeler, E. B., Leibowitz, A. and

Marquis, M. S. (1987) Health Insurance and the Demand for Medical Care: Evidence from a Randomized Experiment, *American Economic Review*, 77 (3), 251-277.

「がんセンターとJT、肺がんリスク巡り対立　疑義に反論」朝日新聞デジタル　2016年9月30日
（http://www.asahi.com/articles/ASJ9Y5GC8J9YULBJ00J.html）

「受動喫煙による日本人の肺がんリスク約1.3倍　肺がんリスク評価『ほぼ確実』から『確実』へ」国立がんウェブサイト
（http://www.ncc.go.jp/jp/information/press_release_20160831.html）

「受動喫煙と肺がんに関わる国立がん研究センター発表に対するJTコメント」JTウェブサイト
（https://www.jti.co.jp/tobacco/responsibilities/opinion/fsc_report/20160831.html）

「受動喫煙と肺がんに関するJTコメントへの見解」国立がん研究センターウェブサイト
（http://www.ncc.go.jp/jp/information/20160928.html）

Hori, M., Tanaka, H., Wakai, K., Sasazuki, S. and Katanoda, K. (2016) Secondhand Smoke Exposure and Risk of Lung Cancer in Japan: A Systematic Review and Meta-Analysis of Epidemiologic Studies, *Japanese Journal of Clinical Oncology*, 46 (10), 942-951.

第3章

Tsugawa, Y., Jena, A. B., Figueroa, J. F., Orav, E. J., Blumenthal, D. M. and Jha, A. K. (2017) Comparison of Hospital Mortality and Readmission Rates for Medicare Patients Treated by Male vs Female Physicians, *JAMA Internal Medicine*, 177 (2), 1-8.

Royer, H. (2009) Separated at Girth: US Twin Estimates of the Effects of Birth Weight, *American Economic Journal: Applied Economics*, 1 (1), 49-85.

Black, S. E., Devereux, P. J. and Salvanes, K. G. (2007) From the Cradle to the Labor Market? The Effect of Birth Weight on Adult Outcomes, *The Quarterly Journal of Economics*, 122 (1), 409-439.

Oreopoulos, P., Stabile, M., Walld, R. and Roos, L. L. (2008) Short-,

Medium-, and Long-Term Consequences of Poor Infant Health: An Analysis Using Siblings and Twins, *The Journal of Human Resources*, 43 (1), 88-138.

Lin, M. J., and Liu, J. T. (2009) Do Lower Birth Weight Babies Have Lower Grades? Twin Fixed Effect and Instrumental Variable Method Evidence from Taiwan, *Social Science & Medicine*, 68 (10), 1780-1787.

Nakamuro, M., Uzuki, Y., and Inui, T. (2013) The Effects of Birth Weight: Does Fetal Origin Really Matter for Long-run Outcomes?. *Economics Letters*, 121 (1), 53-58.

Paul, A. M. (2011) Origins: How the Nine Months Before Birth Shape the Rest of Our Lives, Free Press.

Ferrante, D., Linetzky, B., Virgolini, M., Schoj, V. and Apelberg, B. (2012) Reduction in Hospital Admissions for Acute Coronary Syndrome after the Successful Implementation of 100% Smoke-free Legislation in Argentina: A Comparison with Partial Smoking Restrictions. *Tobacco Control*, 21 (4), 402-406.

González-Rozada, M., Molinari, M. and Virgolini, M. (2008) The Economic Impact of Smoke-free Laws on Sales in Bars and Restaurants in Argentina, *CVD Prevention and Control*, 3 (4), 197-203.

Glantz, S. A. and Smith, L. R. (1997) The Effect of Ordinances Requiring Smoke-free Restaurants and Bars on Revenues: A Follow-up, *American Journal of Public Health October*, 87 (10), 1687-1693.

Glantz, S. A. and Charlesworth, A. (1999) Tourism and Hotel Revenues before and after Passage of Smoke-free Restaurant Ordinances, *JAMA*, 281 (20), 1911-1918.

第4章

Asai, Y., Kambayashi, R. and Yamaguchi, S. (2015) Childcare Availability, Household Structure, and Maternal Employment, *Journal of the Japanese and International Economies*, 38, 172-192.

山口慎太郎（2016）「差の作法で検証する「保育所整備」の効果」、岩波データサイエンス刊行委員会編　『岩波データサイエンス Vol.3 ［特集］因果推論――実世界のデータから因果を読む』岩波書店.

朝井有紀子・神林龍・山口慎太郎（2016）「保育所整備と母親の就業率」『経済分析』第191号（特別編集号），123-152.

Heckman, J. J. (2006) Skill Formation and the Economics of Investing in Disadvantaged Children. *Science*, 312 (5782), 1900-1902.

Card, D. and Krueger, A. B. (1994) Minimum Wages and Employment: A Case Study of the Fast-Food Industry in New Jersey and Pennsylvania, *American Economic Review*, 84 (4), 772-793.

Card, D. and Krueger, A. B. (2000) Minimum Wages and Employment: A Case Study of the Fast-Food Industry in New Jersey and Pennsylvania: Reply, *American Economic Review*, 90 (5), 1397-1420.

Dube, A., Lester, T. W. and Reich, M. (2010) Minimum Wage Effects Across State Borders: Estimates Using Contiguous Counties, *The Review of Economics and Statistics*, 92 (4), 945-964.

大竹文雄・川口大司・鶴光太郎編著（2013）『最低賃金改革：日本の働き方をいかに変えるか』日本評論社

鶴光太郎（2013）「最低賃金の労働市場・経済への影響—諸外国の研究から得られる鳥瞰図的な視点—」*RIETI Discussion Paper Series*, 13-J-008.

Neumark, D. and Wascher, W. (2000) Minimum Wages and Employment: A Case Study of the Fast-Food Industry in New Jersey and Pennsylvania: Comment, *American Economic Review*, 90 (5), 1362-1396.

Straight, S. (2003) Other Juvenile Awareness Programs for Preventing Juvenile Delinquency: A Systematic Review of the Randomized Experimental Evidence, *Annals of the American Academy of Political and Social Science*, 589, 41-62.

Farrington, D. P., and Welsh, B. C. (2005) Randomized Experiments in Criminology: What Have We Learned in the Last Two Decades?. *Journal of Experimental Criminology*, 1 (1), 9-38.

第5章

Gentzkow, M. and Shapiro, J. M. (2008) Preschool Television Viewing and Adolescent Test Scores: Historical Evidence from the Coleman Study, *The Quarterly Journal of Economics*, 123 (1), 279-323.

Currie, J. (2009) Healthy, Wealthy, and Wise: Socioeconomic Status, Poor

Health in Childhood, and Human Capital Development, *Journal of Economic Literature* 47 (1), 87-122.
Currie, J. and Almond, D. (2011) Human Capital Development before Age Five, *Handbook of Labor Economics* 4, 1315-1486.
Currie, J. and Moretti, E. (2003) Mother's Education and the Intergenerational Transmission of Human Capital: Evidence from College Openings, *The Quarterly Journal of Economics*, 1495-1532.
Greenstone, M. and Looney, A. (2011) Where Is the Best Place to Invest $102,000: In Stocks, Bonds, or a College Degree?, *Hamilton Project*.
Ahern, K.R. and Dittmar, A. K. (2012) The Changing of the Boards: The Impact on Firm Valuation of Mandated Female Board Representation, *The Quarterly Journal of Economics*, 127 (1), 137-197.
Joshi, A. and Roh, H. (2009) The Role of Context in Work Team Diversity Research: A Metaanalytic Review, *Academy of Management Journal*, 52 (3), 599-627.
Østergaard, C. R., Timmermans, B. and Kristinsson, K. (2011) Does a Different View Create Something New? The Effect of Employee Diversity on Innovation, *Research Policy*, 40 (3), 500-509.

第6章

Abdulkadiroğlu, A., Angrist, J. and Pathak, P. (2014) The Elite Illusion: Achievement Effects at Boston and New York Exam Schools, *Econometrica*, 82 (1), 137-196.
Kling, J. R., Liebman, J. B., and Katz, L. F. (2007) Experimental Analysis of Neighborhood Effects, *Econometrica*, 75 (1), 83-119.
Shigeoka, H. (2014) The Effect of Patient Cost Sharing on Utilization, Health, and Risk Protection, *American Economic Review*, 104 (7), 2152-2184.
照山博司・細野薫・松島斉・松村敏弘編（2016）「医療・介護の持続可能性と経済学：パネル討論Ⅰ」,『現代経済学の潮流2016』東洋経済, 165-200.
重岡仁「気鋭の論点：医療費の「高齢者1割負担」がもたらすメリットとデメリット」2014年2月20日（木）日経ビジネスオンライン
Rossouw, J. E., Anderson, G. L., Prentice, R. L., LaCroix, A. Z., Kooperberg,

C., Stefanick, M. L., Jackson, R. D., Beresford, S. A., Howard, B. V., Johnson, K. C., Kotchen, J. M. and Ockene, J.; Writing Group for the Women's Health Initiative Investigators (2002) Risks and Benefits of Estrogen plus Progestin in Healthy Postmenopausal Women: Principal Results from the Women's Health Initiative Randomized Controlled Trial, *JAMA*, 288(3), 321-333.

Manson, J. E., Hsia, J., Johnson, K. C., Rossouw, J. E., Assaf, A. R., Lasser, N. L., Trevisan, M., Black, H. R., Heckbert, S. R., Detrano, R., Strickland, O. L., Wong, N. D., Crouse, J. R., Stein, E. and Cushman, M.; Women's Health Initiative Investigators (2003) Estrogen plus Progestin and the Risk of Coronary Heart Disease, *The New England Journal of Medicine*, 349 (6), 523-534.

第7章

Dale, S. B. and Krueger, A. B. (2002) Estimating the Payoff to Attending a More Selective College: An Application of Selection on Observables and Unobservables, *The Quarterly Journal of Economics*, 117 (4), 1491-1527.

Dale, S. B. and Krueger, A. B. (2014) Estimating the Effects of College Characteristics over the Career Using Administrative Earnings Data, *The Journal of Human Resources*, 49 (2), 323-358.

Kambayashi, R., Kawaguchi, D. and Yokoyama, I. (2008) Wage Distribution in Japan, 1989-2003, *Canadian Journal of Economics*, 41 (4), 1329-1350.

Black, D. A., and Smith, J. A. (2004) How Robust Is the Evidence on the Effects of College Quality? Evidence from Matching, *Journal of Econometrics*, 121 (1-2), 99-124.

Bertrand, M., Karlan, D., Mullainathan, S., Shafir, E., and Zinman, J. (2010) What's Advertising Content Worth? Evidence from a Consumer Credit Marketing Field Experiment, *The Quarterly Journal of Economics*, 125 (1), 263-306.

第8章

Korte, J. E., Brennan, P., Henley, S. J. and Boffetta, P. (2002) Dose-Specific Meta-Analysis and Sensitivity Analysis of the Relation between Alcohol

Consumption and Lung Cancer Risk, *American Journal of Epidemiology*, 155 (6), 496-506.

Freudenheim, J. L., Ritz, J., Smith-Warner, S. A., Albanes, D., Bandera, E. V., van den Brandt, P. A., Colditz, G., Feskanich, D., Goldbohm, R. A., Harnack, L., Miller, A. B., Rimm, E., Rohan, T. E., Sellers, T. A., Virtamo, J., Willett, W. C. and Hunter, D. J. (2005) Alcohol Consumption and Risk of Lung Cancer: A Pooled Analysis of Cohort Studies, *The American Journal of Clinical Nutrition*, 82 (3) 657-667.

Bagnardi, V., Rota, M., Botteri, E., Tramacere, I., Islami, F., Fedirko, V., Scotti, L., Jenab, M., Turati, F., Pasquali, E., Pelucchi, C., Galeone, C., Bellocco, R., Negri, E., Corrao, G., Boffetta, P. and La Vecchia, C. (2015) Alcohol Consumption and Site-Specific Cancer Risk: A Comprehensive Dose-Response Meta-Analysis, *British Journal of Cancer*, 112 (3), 580-593.

Shimazu, T., Inoue, M., Sasazuki, S., Iwasaki, M., Kurahashi, N., Yamaji, T. and Tsugane, S.: Japan Public Health Center-based Prospective Study Group. (2008) Alcohol and Risk of Lung Cancer among Japanese Men: Data from a Large-Scale Population-Based Cohort Study, the JPHC Study, *Cancer Causes and Control*, 19 (10), 1095-1102.

补论

Imbens, G. W. and Rubin, D. B. (2015) *Causal Inference for Statistics, Social, and Biomedical Sciences: An Introduction*, Cambridge University Press.

Pearl, J. (1995) Causal Diagrams for Empirical Research, *Biometrika*, 82 (4), 669-688.

© 民主与建设出版社，2019

图书在版编目（CIP）数据

原因与结果的经济学 /（日）中室牧子,（日）津川友介著；程雨枫译. -- 北京：民主与建设出版社，2019.7

ISBN 978-7-5139-2295-1

Ⅰ.①原… Ⅱ.①中… ②津… ③程… Ⅲ.①统计学—通俗读物 Ⅳ.①C8-49

中国版本图书馆CIP数据核字(2018)第207909号

"GENIN TO KEKKA" NO KEIZAIGAKU
by MAKIKO NAKAMURO and YUSUKE TSUGAWA
Copyright © 2017 Makiko Nakamuro, Yusuke Tsugawa
Simplified Chinese translation copyright ©2018 by Ginkgo (Beijing) Book Co., Ltd.
All rights reserved.
Original Japanese language edition published by Diamond, Inc.
Simplified Chinese translation rights arranged with Diamond, Inc.
through BARDON-CHINESE MEDIA AGENCY.

本书简体中文版由银杏树下（北京）图书有限责任公司出版。
版权登记号：01-2018-7010

原因与结果的经济学
YUANYIN YU JIEGUO DE JINGJIXUE

出版人	李声笑
著　者	［日］中室牧子　津川友介
译　者	程雨枫
筹划出版	银杏树下
出版统筹	吴兴元
责任编辑	刘　艳
特约编辑	李　峥　郎旭冉
封面设计	棱角视觉
出版发行	民主与建设出版社有限责任公司
电　话	（010）59417747　59419778
社　址	北京市海淀区西三环中路10号望海楼E座7层
邮　编	100142
印　刷	北京天宇万达印刷有限公司
版　次	2019年7月第1版
印　次	2019年7月第1次印刷
开　本	889毫米×1194毫米　1/32
印　张	5.25
字　数	104千字
书　号	ISBN 978-7-5139-2295-1
定　价	38.00元

注：如有印、装质量问题，请与出版社联系。